Raconter vos données

Histoires de données pour la gestion des données

Scott Taylor

Le chuchoteur de données

Technics Publications

Publié par:

2 Lindsley Road, Basking Ridge, NJ 07920 USA
https://www.TechnicsPub.com

Éditer par Sadie Hoberman
Conception de la couverture par Lorena Molinari
Photo de la couverture par Edwin van Wijk, courtoisie de Stibo Systems
Traduction française (2023) par Michel Hébert M.G.L. CDMP

Première impression 2020
© 2020 par Scott Taylor

ISBN, éd. imprimée	9781634622875
ISBN, éd. Kindle	9781634622882
ISBN, éd. ePub	9781634623001
ISBN, éd. PDF	9781634623018

Library of Congress Control Number: 2023933343

À Marianne
Celle qui murmure à l'oreille du chuchoteur

Table des matières

Remerciements

Je tiens à remercier toutes les personnes qui ont partagé avec moi leurs histoires de données. De grandes histoires, des histoires passionnantes, merveilleuses. Des histoires de douleur, de lutte et de triomphe. De la frustration à l'exaltation, de l'étonnant au ridicule, mais toujours sur ce que les données peuvent faire, devraient faire ou feraient lorsqu'elles sont bien gérées.

J'offre mon immense gratitude à mes proches confidents Marianne Frasco et Jonathan James Cramer, qui m'ont aidé et encouragé à écrire ce livre. Ils ont été patients mais ont insisté pour que je mette toutes ces idées sur papier. Un merci tout particulier à ma sœur Julie Taylor et à mon fils Liam Taylor, qui ont corrigé ma grammaire, ma ponctuation et autres péchés contre la langue tout en permettant à ma voix de s'exprimer. Tous ont constamment remis en question ma logique et ma perspective pour la rendre aussi claire que possible.

Je dois également remercier mes parents, qui m'ont encouragé avec amour dans tout ce que j'ai fait. Ma mère, Nina, est un exemple brillant de style et de créativité. Elle a un talent particulier pour écrire en couplets rimés. Mon père, Jerry, est une force de persuasion qui respire la confiance et la rigueur. Son conseil sur l'écriture était à

l'opposé de son conseil sur la façon de faire son lit :
« Commence par la partie la plus facile ». Et il m'a appris
beaucoup de choses sur la vie et les affaires en me battant à
plate couture au Monopoly. Ce sont tous deux de grands
conteurs, qui utilisent l'humour, la passion et l'intelligence
pour exprimer leurs idées.

Je tiens également à remercier tous les responsables de la
gestion des données qui, tout au long de ma carrière,
m'ont dit : « Bien sûr, ça sonne bien, Scott, mais ce n'est
pas comme ça que ça marche. » J'admets avoir un talent
pour raconter des histoires. Mais je ne veux pas seulement
paraître bon, je veux aussi être précis. Je suis reconnaissant
à tous ceux qui ont exigé que je sois redevable et qui m'ont
appris l'importance des réalités technologiques. Je chéris
ces moments d'enseignement et je les recherche toujours.

Merci, je vous aime toujours, merci.

Préface

Ma première rencontre avec Scott Taylor s'est faite avec de grandes attentes et une grande anticipation. En 2016, un collègue commun m'a invité à une conférence sur la gestion des données maîtres à Manhattan, au cours de laquelle Scott serait l'un des intervenants. Ce collègue m'a fortement recommandé d'assister à la présentation de Scott et s'est extasié sur ses connaissances et son expérience.

La conférence s'est étalée sur plusieurs jours et a réuni un large éventail d'intervenants experts, certains du côté technique, d'autres encore plus techniques, et d'autres qui semblaient parler un langage technique totalement mystérieux que je ne pouvais pas comprendre.

Et puis Scott est monté sur la scène. C'est comme si les lumières s'étaient tamisées, que la foule s'était tue et que les horloges s'étaient arrêtées. Il a ouvert la bouche et, du début à la fin de son heure sous les projecteurs, il a conquis la salle, captivant son auditoire avec un flair, un style et un riche buffet de contenu innovant qui se distinguait complètement de toutes les autres présentations. En fait, il n'a pas vraiment fait de présentation. Il a raconté des histoires.

Ses histoires avaient des personnages. Elles se déroulaient dans des cadres distincts. Elles étaient des histoires de gestion. Mais, comme un romancier chevronné ou un scénariste à la mode, il excellait à créer une tension en exposant les conflits. Il exposait des problèmes de gestion courants auxquels chaque membre de l'auditoire pouvait s'identifier, qu'il ait une formation technique ou non. Il s'est aligné sur son auditoire et l'a désarmé avec humour. Il a diverti tout en informant. Et nous, dans l'auditoire, n'avons même pas réalisé à quel point il a influencé et évangélisé son message, aveuglés par le simple plaisir de l'entendre parler.

Lorsqu'il nous a livré le dénouement de son histoire, nous hochions la tête et voulions en savoir plus.

Après son discours, notre collègue commun nous a présentés en personne, et nous nous sommes immédiatement bien entendus. Il avait une expérience dans la vente de solutions de gestion des données d'entreprise à des organisations Fortune 100 et 500 et dans le service conseil auprès de clients de toutes tailles et de tous les secteurs d'activité pour les aider à mieux comprendre, éduquer et mettre l'accent sur la maîtrise et la gestion des données.

J'ai travaillé dans des sociétés du Fortune 100 et 500 telles que Pitney Bowes, General Electric, United Health Group et Morgan Stanley, ainsi que dans des entreprises de taille moyenne telles que Getty Images, Neopost et AppNexus. J'ai occupé des postes dans les domaines des opérations de vente, du marketing et de l'innovation commerciale. Ayant dirigé des mises en œuvre mondiales de transformations majeures de processus d'entreprise et de technologies, j'ai toujours compris l'importance d'avoir un solide programme de gestion des données axé sur leur valeur stratégique en tant qu'actif de l'entreprise.

Comme j'étais responsable de la mise en œuvre des solutions vendues par Scott, nous avons tous deux compris l'intérêt d'inciter les dirigeants d'entreprise à consacrer les ressources et les investissements nécessaires pour garantir des politiques de données bien documentées, des rôles et des responsabilités clairement définis, la maîtrise et la gestion des données d'entreprise, une catégorisation, un accès et une visualisation bien contrôlés, ainsi qu'un programme d'hygiène des données rigoureux et holistique axé sur la rigueur, l'exhaustivité, la qualité et la conformité.

Comme de nombreux adeptes de Scott, j'ai passé ma carrière à relever les défis commerciaux qu'il dissèque dans ses récits. Il est presque impossible de réussir en tant que leader de la transformation de l'entreprise sans se concentrer sur l'appropriation, la maîtrise et la gestion des données de qualité, comme Scott a passé sa carrière à en discuter avec tous ceux qui l'écoutent. Son message simple, mais efficace, sur la façon dont les données, en tant qu'actif stratégique de l'entreprise, favorisent la croissance, l'efficacité, l'efficience et la réussite des clients, s'adresse à tous les chefs d'entreprise, dans tous les domaines fonctionnels, à tous les niveaux de gestion et sans exigences de connaissances techniques.

Ses concepts uniques et perspicaces, tels que les 4 C de la structure des données : code, catégorie, compagnie et comté ou les 8'er de l'utilisation des données, à savoir associer, valider, intégrer, diffuser, agréger, communiquer, évaluer et partager, sont des modèles de gros bon sens que les professionnels des entreprises, comme moi, peuvent appliquer dans leur environnement. Son point de vue sur l'importance du directeur des données et sur la distinction entre l'analytique et la gestion des données fournit une précieuse matière à réflexion dans toute culture d'entreprise. Tout le contenu mémorable de Scott peut être utilisé pour influencer les décideurs exécutifs à investir dans des programmes de gestion des données, des plateformes, des conseils et des talents.

Je me sens apparenté à Scott dans la mesure où nous reconnaissons tous deux l'importance de la narration comme moyen d'influencer les gens de manière créative, mémorable et influente. En dehors de ma carrière professionnelle, j'écris, édite et publie des romans à grand tirage. À ce jour, j'ai publié cinq suspenses politiques à succès, deux comédies romantiques et un mémoire personnel.

Une bonne histoire a besoin de personnages dynamiques, d'un cadre qui suscite l'adhésion, d'un conflit tendu et d'une résolution satisfaisante. Si vous avez déjà vu les vidéos emblématiques de Scott sur la gestion des données avec ses « marionnettes », vous connaissez l'abeille informatique[1], qui s'exprime dans des mots à la mode inspirés par l'industrie, le C « D » O (*Chief Dog Officer*), qui refuse de s'approprier les données, le singe des affaires, qui gère toutes les singeries, ainsi que les personnages allégoriques qu'il utilise pour raconter ses histoires. Vous avez peut-être assisté à l'une de ses nombreuses présentations en direct ou virtuelles, au cours desquelles des experts du secteur ont raconté leurs histoires de données. Vous connaissez sans doute les histoires d'horreur qu'il raconte sur les mauvaises pratiques de gestion des données. Et vous avez inévitablement profité de ses idées, de ses solutions et des meilleures pratiques qu'il propose dans ses nombreux canaux de communication à son auditoire mondial considérable et en pleine expansion. Ses balados et ses présentations vidéo attirent des spectateurs de partout aux États-Unis, ainsi que de nombreux pays comme le Royaume-Uni, l'Allemagne, la Suède, l'Australie, l'Afrique du Sud, la Russie et pratiquement tous les coins du monde.

L'approche narrative simple, directe, perspicace et innovante de Scott est remplie d'idées, d'inspiration et de pépites de génie dans le domaine des affaires, le tout dans

---

[1] En anglais: *IT Bee, who speaks buzzwords*

un style qui informe, éclaire et divertit. Son approche originale et humoristique de la transmission de sa sagesse ne perd pas de vue un large éventail de concepts, d'idées, de cadres et de meilleures pratiques qui peuvent aider n'importe quel professionnel à apporter des avantages considérables à son organisation.

- Greg McLaughlin, *Auteur de romans de fiction et directeur général, Transformation et innovation technologique, chez Morgan Stanley.*

Chaque entreprise a une histoire de données à raconter

Les bonnes décisions basées sur de mauvaises données sont de mauvaises décisions dont vous n'êtes pas au courant... pour le moment.

Tout ce que nous faisons aujourd'hui se transforme en données. Alors que votre entreprise et vos processus métier passent de l'analogique au numérique, tout ce que vous faites se transforme en données. Pourtant, les entreprises de toutes tailles ont du mal à donner un sens à tout cela. Au lieu d'apporter une valeur incroyable, la plupart de ces données créent un grand chaos. Trouver de la valeur dans les données est difficile et frustrant. Comment déterminer la vérité et tirer un sens de toutes ces données pour développer, améliorer et protéger votre entreprise?

Quel est votre justification pour les données ? Je pense *qu'il s'agit simplement de votre activité.* Je suppose que votre objectif est **d'apporter de la valeur à vos relations par le** biais de vos marques à une *grande échelle*. Apporter de la valeur aux relations, ou clients, a toujours été au cœur des affaires. Pour le réussir à *grande échelle*, il faut de la technologie. La technologie nécessite des données. Les données nécessitent une gestion des données.

Si vous essayez de déterminer la vérité et de comprendre vos données, par où commencez-vous? Je commence par les données les plus simples et les plus importantes de toutes. Il s'agit des données sur vos *relations d'affaires* et sur vos *marques* ou *produits*. Vos relations : client, vendeur, partenaire, fournisseur, citoyen, patient ou consommateur.

Dans quelle mesure vos données sur ces relations sont fiables? Y a-t-il des doublons? Des hiérarchies confuses? Des classifications manquantes? Des géographies contradictoires? Qu'en est-il des données sur votre offre, vos marques? Sur vos produits, services, promotions, UGS ou SKU, bannières, emplacements, matériaux, et concepts? Il se peut qu'on y trouve aussi un peu de désordre.

La gestion des données est l'une des compétences les plus importantes, et les plus négligées, de la plupart des entreprises. Elle est le héros méconnu de nombreuses initiatives commerciales. Si vous le savez déjà, alors ce livre vous aidera à l'expliquer aux autres. Si vous ne le savez pas, alors ce livre vous aidera à le comprendre.

L'objectif de cet ouvrage est de vous aider à obtenir la participation des parties prenantes et l'engagement de la direction en faveur de la gestion des données, afin de vous aider à financer et à soutenir la gestion des données en tant qu'élément systématique, cohérent et fondamental de vos opérations. Pas un projet, mais un programme, pas un exercice tactique, mais un impératif stratégique.

Si la vôtre est comme la plupart des entreprises, vous avez plusieurs systèmes et flux de travail qui soutiennent des départements et des divisions distincts. Les données relatives à vos relations et à vos marques sont créées à partir de définitions différentes et sans normes internes.

Vous savez peut-être déjà comment réparer vos données, mais les dirigeants ignorent vos conseils. Votre entreprise ne s'intéresse pas à vos magnifiques tableaux de bord de « qualité » des données. Vos parties prenantes ne se soucient pas de « l'hygiène » des données. En présentant sans fin l'évaluation de la maturité des données, vous passez pour un perroquet. Vous n'arrivez pas à obtenir un soutien pour vos efforts de gestion des données.

Pour mieux tirer parti de la valeur de la gestion des données dans une entreprise, il faut d'abord en comprendre les éléments essentiels. Ce livre couvre les avantages stratégiques et fondamentaux de la gestion des données, y compris les tendances de l'industrie, les définitions de base, les cadres opérationnels orientés métier et l'identification des obstacles pour vous aider à raconter l'histoire de vos données.

Lorsque vous tentez de l'expliquer aux gestionnaires, ils acquiescent à l'extérieur et somnolent à l'intérieur. Ce livre explique pourquoi les données fondamentales sont importantes pour votre organisation et, surtout, comment en parler. Je suis un expert dans la façon de parler de la pertinence de la gestion des données. Pour convaincre vos dirigeants, vous devez leur raconter une meilleure histoire.

Je veux vous aider avec cette histoire. Je l'appelle votre histoire de données. Vous la connaissez probablement déjà, mais vous avez besoin d'aide pour la raconter. Laissez-moi vous proposer de nouvelles façons de parler de ce que vous connaissez déjà. Puisqu'il s'agit d'un livre sur la façon de raconter des histoires de données, je vais vous en parler à travers des histoires divisées en sections :

- **Mon histoire de données.** Pourquoi je sais ce que je sais et pourquoi vous devriez m'écouter.

- **L'état actuel de l'histoire de la gestion des données.** Les deux types d'histoires de données et pourquoi vous avez besoin des deux.

- **Histoires de données communes.** Une collection de situations de données classiques, fondamentales et pertinentes pour toutes les entreprises.

- **Encadrer votre histoire de données.** Des trucs simples pour articuler la valeur des données.

- **Vendre votre histoire de données.** Des conseils pour créer un récit convaincant.

- **Construire votre histoire de données.** Alignez vos efforts de gestion des données sur les intentions stratégiques de votre entreprise.

- **Trouver l'histoire de vos données.** Exemples de scénarios nécessitant une gestion des données.

J'ai parcouru le monde pour parler aux gens de la façon dont *ils* parlent de leurs données. Dans des salles de conférence, des salles de conseil, lors d'événements, dans des panels, en personne, sur scène, au téléphone ou derrière une webcam, j'ai discuté avec des milliers de personnes, dans des centaines d'entreprises, dans tous les secteurs, à tous les stades de maturité. J'ai trouvé des tendances, des motifs et des thèmes universels. Je les ai distillés dans ce livre. Si ces histoires vous semblent familières, vous devriez être soulagé de savoir que vous n'êtes pas seul.

Ce petit livre est conçu pour être remis à vos dirigeants et aux parties prenantes de votre entreprise. Vous serez probablement d'accord avec la plupart de ce que j'écris et reconnaîtrez les applications pour votre entreprise. Alors, donnez-leur cet ouvrage pour les aider à expliquer ce que vous recherchez. Les personnes de votre organisation qui n'ont pas le temps de comprendre la complexité technique mais qui ont l'argent nécessaire pour financer vos programmes. Les personnes dont vous avez besoin pour vous aider à gérer et à maîtriser vos données. Vous voulez qu'elles passent rapidement de « *Je n'ai aucune idée de ce dont tu parles* » à « *Comment pouvons-nous survivre sans cela?* ». Car comme nous le savons tous, les données peuvent faire la différence entre survivre et prospérer.

Je souhaite partager des exemples tactiques et les meilleures pratiques pour que votre histoire de gestion des données soit créée et acceptée par l'entreprise. Je me situe au milieu, en tant que traducteur et conteur. Nous avons tous un rôle à jouer, et c'est le mien. Je veux vous aider à obtenir plus de financement et de soutien pour un domaine qui devient de plus en plus critique avec chaque nouvelle avancée technologique. Le besoin de gestion des données est partout dans votre entreprise. Il est indépendant des tendances macroéconomiques et pourtant souvent caché à la vue de tous.

Ce livre a pour but de vous aider à découvrir cette histoire de données. Elle est déjà présente dans votre organisation. Chaque entreprise travaille déjà avec des données.

Comme tout ce que vous faites se transforme en données, c'est l'occasion d'en tirer le meilleur parti. Le domaine des données est d'une grande complexité. Pourtant, il est rempli de vérités simples. Je veux vous aider à le simplifier. Travaillons ensemble pour faire en sorte que votre histoire de gestion des données se termine bien.

CHAPITRE 1

Mon histoire de données

Pourquoi je sais ce que je sais et pourquoi vous devriez m'écouter

Je suis Scott Taylor, le chuchoteur de données. J'aide à calmer les données. C'est ce que nous faisons tous dans la gestion des données. Nous aidons à calmer les données. Les données peuvent être indisciplinées. Les données peuvent être désordonnées. Les données peuvent être sales. Les données peuvent être corrompues. Les données peuvent être volumineuses. Les données peuvent être non structurées. Les données sont souvent un fouillis! Pour obtenir de ces données la valeur dont nous avons besoin, nous devons les calmer.

J'aide également à calmer les *gens* lorsqu'ils pensent aux données. Certaines personnes, notamment les dirigeants d'entreprise, peuvent être désorientées. Les gens peuvent être anxieux, agacés et déconcertés lorsqu'il s'agit de données. Lorsqu'on pense calmement aux données, on est capable d'en comprendre la valeur.

> **Divulgâcheur :** bien que je sois le *chuchoteur de données*, je ne *chuchote* pas beaucoup. Si vous m'avez déjà entendu parler à une présentation, regardé mes vidéos ou écouté en balado, vous savez que je peux être très bruyant. Je suis passionné par la valeur stratégique d'une bonne gestion des données.

Je me concentre sur le POURQUOI stratégique plutôt que sur le COMMENT technique, le QUOI tactique ou le QUI organisationnel. Tous ces aspects sont importants. Mais les chefs d'entreprise doivent comprendre le POURQUOI avant d'investir dans le COMMENT, le QUOI et le QUI.

Je vais vous avouer d'emblée que je ne suis pas un praticien des données sur le terrain. Je n'ai jamais travaillé dans la gestion des données d'une entreprise. Je n'ai jamais créé d'analyses ni même géré directement des données d'entreprise. Vous vous demandez peut-être comment je sais ce que je sais. Pourquoi devriez-vous m'écouter?

J'ai plus de 25 ans d'expérience dans le domaine des données maîtres, des données de référence, des méta-données, de la GDM (gestion des données maîtres) et de la gouvernance des données, et j'ai passé ces décennies à résoudre des problèmes de gestion des données pour de grandes entreprises internationales. J'ai également aidé des propriétaires de contenu et des compagnies technologi-ques innovantes à raconter leurs histoires de données. J'ai éclairé d'innombrables dirigeants d'entreprise sur la valeur d'une bonne gestion des données en mettant l'accent sur le vision stratégique et l'alignement commercial plutôt que sur la mise en œuvre technique et l'intégration de systèmes. J'ai commercialisé des services de gestion des données sous la forme de contenu de données structurées pendant toute ma carrière.

Tout au long de mon parcours, j'ai parlé à des milliers de professionnels des données et gestionnaires, à tous les niveaux des organisations. J'ai entendu de nombreuses versions de la même histoire relative aux données. Comme les épopées de la Grèce antique et les classiques de Shakespeare, la gestion des données a des histoires d'héroïsme et d'amour, de perte et de survie, de voyage et de lutte, de rêves et d'aspirations. Des histoires de douleur, de frustration, d'exaltation et de triomphe. Des histoires de transformation de l'entreprise grâce à une meilleure gestion des données. J'ai vu de mes propres yeux ce que d'autres pouvaient faire avec des données et j'ai fini par découvrir les similitudes de ces expériences.

Figure 1 J'aime GDM (*MDM*) partout où je peux en trouver, alors j'ai pris cet égoportrait devant le Michaelson Door Manufacturing.

J'ai toujours aimé le côté taxonomie, le côté structurel, le côté ontologie des données. Je pense que je suis peut-être destiné pour ce rôle, car mes parents m'ont dit que lorsque j'étais enfant, au lieu de construire avec mes blocs Lego, je les triais. Si vos enfants trient leurs blocs Lego, ils sont de bons candidats pour travailler dans le domaine des données. Encouragez-les.

On parle souvent d'être perturbateur. Nous voulons tous être des perturbateurs dans le domaine de la technologie. Je le pense aussi honnêtement. Un de mes professeurs du

primaire a écrit dans mon bulletin : « Scott est perturbateur... et distrait les autres. » Je prends ça comme un
compliment. Nous avons tous besoin d'être perturbateurs
de manière positive.

Dans le cadre de divers rôles en marketing stratégique,
mise en marché, innovation et conseil, j'ai travaillé avec
certaines des sociétés de données commerciales les plus
emblématiques au monde, notamment Dun & Bradstreet,
Nielsen, Microsoft et WPP/Kantar.

Vous ne pouvez réussir dans la vente et le marketing de
données que si vous disposez de données utiles et
expliquez comment les utiliser. La première raison pour
laquelle les clients ne renouvellent pas une licence de
données est qu'ils ne les utilisent pas – pas parce qu'elles
sont mauvaises – donc s'ils ne mettent pas les données à
contribution, ils n'en verront jamais la valeur.

Je commercialisais des services de gestion de données sous
forme de données structurées. Plus précisément encore, je
ne vendais pas de données; je vendais des licences pour
des données. Les données elles-mêmes sont rarement
vendues. Les producteurs de données qui réussissent
vendent une licence pour leurs données, ce qui permet à
un utilisateur d'y accéder pendant une période
prédéterminée selon des directives de droit d'utilisation
spécifiques. L'utilisateur ne peut que louer le contenu.

Dans le commerce des données, la possession n'est pas une preuve de propriété[2].

Je m'épanouis dans l'écart entre les praticiens techniques et les dirigeants d'entreprise : ceux qui savent COMMENT le faire et ceux qui veulent comprendre POURQUOI. J'ai toujours travaillé dans le domaine des données en syndication. C'est ce que je préfère. Je crois que c'est le plus valorisant. Les fournisseurs de données de syndication créent un ensemble de données qui servent de référence pour un marché entier, un secteur vertical ou un type d'entreprise. C'est difficile.

Ils ont besoin de normes, de définitions, de taxonomies et de tous les autres éléments structurels qui rendent les données résilientes et fiables afin que tout un marché soit en accord avec le même point de vue. Une fois qu'elles ont établi cette norme, ces données deviennent souvent une « monnaie » ou la « lingua franca d'un marché ».

Je ne connaissais rien aux données lorsque j'ai obtenu mon premier emploi dans le secteur des données en 1994. Je travaillais pour un petit groupe appelé Trade Dimensions,

---

[2] NdT: Dans le texte original: « In the data business, possession is *no tenths of the law*. » Qui est un jeu de mot sur l'expression « *Possession is nine tenths of the law* » signifiant que l'acte de posséder quelque chose est une des preuves du droit de propriété.

qui faisait partie de VNU, une entreprise mondiale de services d'édition et d'information qui a fini par devenir ce que l'on appelle aujourd'hui Nielsen. Nous avions un produit de données sur la localisation des commerces de détail que nous appelions « livre des commerces », distribué sous forme de *base de données électronique*. Je suppose qu'*électronique*, ça faisait cool. Du moins, c'était le cas en 1994. Parfois, nous devions donner aux clients un ordinateur parce que notre base de données de 30 000 enregistrements était trop grande pour qu'ils puissent la gérer. Un tel volume de données tiendrait sur la plus petite clé USB que l'on obtient gratuitement lors d'une convention aujourd'hui, et il y aurait encore beaucoup d'espace.

Cette base de données sur les emplacements des commerces de détail présentait un intérêt pour les fabricants de biens de consommation emballés aux États-Unis. Toute entreprise fabriquant un produit que l'on peut trouver dans un supermarché avait besoin de ces données. J'ai commencé à réaliser que nos clients faisaient des choses uniques avec notre contenu. Ils trouvaient de nouvelles façons d'utiliser ces données hautement structurées pour dédoubler leurs registres, les hiérarchiser, tirer parti des systèmes de classification et normaliser les zones géographiques. Des utilisations simples mais puissantes. Le genre de cas d'utilisation qui nécessite des données maîtres. Mais c'était avant que la GDM (gestion des données maîtres) ne soit une catégorie établie de logiciels commerciaux. Il m'est apparu que c'était plus qu'une liste tactique de dépôts. Plus stratégiquement, il s'agissait d'un fichier maître des emplacements des clients. Bien avant de savoir comment l'appeler, nous fournissions des *données maîtres à la demande*[3]. Ce n'est que 20 ans plus tard que j'ai inventé le terme M-DaaS.

Les clients ont également utilisé le numéro unique que nous avions sur chaque enregistrement pour intégrer les sources de données internes et externes, éliminer les silos de systèmes et communiquer de manière transparente avec leurs partenaires commerciaux. En 1996, nous avons donné à cet identifiant le nom de code **TDLinx** (TD étant l'abréviation de Trade Dimensions).

L'entreprise a connu un énorme succès. Nous avons établi une norme propriétaire pour les magasins et les comptes dans le secteur des produits de grande consommation. Nous avons créé un réseau de fournisseurs de services de promotion, de marketing, de merchandising et de prestations de services qui ont également commencé à travailler à partir des mêmes données – ou de liens vers les mêmes données. Nous avons créé un langage de données propriétaire mais simple à utiliser dans un secteur très complexe. Il est devenu une norme de facto pour

---

[3] NdT: *Master data as-a-service* (M-DaaS) en anglais

l'identification de l'emplacement des magasins. Nous avons vu Coke et Pepsi se mettre d'accord. C'était une expérience remarquable de voir le plaisir que les clients prenaient à utiliser nos données.

Figure 2 Publicité de TDLinx (1996).

J'ai appris de mes clients les avantages considérables des données maîtres communes et structurées. J'ai rapidement compris que ce qu'ils faisaient est aussi applicable dans d'autres industries et d'autres domaines. Les données maîtres, en tant que résultat représentatif de la gestion stratégique des données, avaient des applications pour toutes les entreprises. Je n'ai jamais regardé en arrière.

> *Les données maîtres correspondent souvent au vocabulaire de votre entreprise : clients, vendeurs, marques, sites, etc. Si vous cherchez dans Wikipedia[4], vous trouverez la définition que j'y ai mise :* Les données maîtres sont une source commune de données d'entreprise élémentaires utilisées dans plusieurs systèmes, applications et processus. *C'est simple et agréable. Elle n'a pas été remise en question dans Wikipédia pendant dix ans. Alors, s'il vous plaît, n'y touchez pas.*

Fort du succès de TDLinx, j'ai ensuite fait partie d'un groupe d'innovation mondial chez Nielsen et j'ai cherché dans l'entreprise d'autres données maîtres ou de référence qui pourraient être commercialisées. Il y en avait partout. L'entreprise ne pouvait pas soutenir les efforts opérationnels pour créer de nouvelles offres, mais j'ai beaucoup appris. Je suis devenu consultant indépendant et j'ai fait la

---

[4] NdT: L'auteur fait référence à la page anglaise de Wikipedia portant sur *Master Data*.

même chose en travaillant avec certains des ensembles de données les plus vastes et les plus variés que l'on puisse imaginer. Mon objectif était de trouver des opportunités de données fondamentales et structurées.

J'ai travaillé chez Dun & Bradstreet, qui était un leader mondial des données maîtres mais qui ne savait pas comment l'exprimer clairement. Mon travail consistait à créer une meilleure histoire sur leurs services de données maîtres. Croyez-le ou non, il a fallu être très convaincant. Certains des responsables marketing m'ont dit : « Nous n'aimons pas l'idée que vous avez eue d'appeler cela des données maîtres ». Je leur ai répondu : « Ce n'est pas mon idée. C'est ainsi que vous appelez ce type de données. Nous avons juste besoin d'en parler de la bonne manière ». Un de leurs gros clients de données maîtres m'a dit : « Je sais pourquoi je l'achète, mais ils ne savent pas pourquoi ils me le vendent ». Ce commentaire m'a marqué. Le fait que D&B commercialise désormais à l'échelle mondiale une partie essentielle de son activité sous le nom de *données maîtres* est le résultat de mon travail.

Ça n'a pas toujours été comme ça. J'ai connu de nombreux échecs. Au début de ma carrière chez Nielsen, j'ai rencontré le directeur des revenus de l'une des plus grandes boulangeries du monde. Il s'est levé, faisant un mouvement de remerciement, et a simplement dit : « Tout cela semble très compliqué. Mon problème est simple : je dois trouver comment vendre plus de pain. Vous ne m'avez pas convaincu que vous pouviez m'aider ».

Il avait tort. Ce que je présentais pouvait l'aider à « vendre plus de pain ». Mais j'avais tort. J'ai présenté les choses de manière trop compliquée, trop technique, et trop éloignée de son activité. Je suis resté très pensif pendant le retour à l'aéroport après cette réunion.

Pour ceux qui l'ont comprise, la gestion des données est une partie fascinante de l'entreprise. Elle peut parfois être considérée comme une arme secrète. Mais beaucoup de gens ne l'ont pas comprise. Et ceux qui la comprennent ont du mal à l'expliquer aux dirigeants de l'entreprise. J'ai été capable d'articuler la valeur de ce type de données et ce qu'elles peuvent faire pour une organisation.

Finalement, j'ai senti qu'il était possible d'apporter une nouvelle voix à la communauté des gestionnaires de données. Il y a une certaine frustration de la part des personnes qui le font depuis toujours mais qui se rendent compte que « mon entreprise ne comprend toujours pas ».

Il y a beaucoup de gens qui s'intéressent à l'analyse des données, mais peu s'intéressent à la gestion des données. J'ai mis à profit mes compétences de conteur et de créateur de contenu pour élaborer un contenu éditorial soutenant la valeur stratégique d'une bonne gestion des données.

J'ai perfectionné ma capacité à donner aux personnes qui croient être dans une situation unique le réconfort de réaliser que la personne assise à côté d'elles a les mêmes problèmes. Que vous soyez dans l'industrie manufacturière, les services financiers ou une start-up numérique – des entreprises très différentes avec des modèles économiques distincts – à la base, vous avez tous le même type de problèmes de données. Certes, ils ne sont pas identiques, mais ils sont plus semblables que différents.

Je suis moi aussi un fervent partisan du pouvoir et de l'importance d'une bonne gestion des données et j'ai passé ma carrière à convaincre des dirigeants d'entreprise d'investir dans ce domaine. Pour gagner leur appui, les gestionnaires de données doivent élaborer un discours convaincant qui crée un sentiment d'urgence, ravive l'enthousiasme et explique POURQUOI leurs programmes répondent aux intentions stratégiques de l'entreprise. Si les chefs d'entreprise dont vous recherchez le soutien et l'engagement ne comprennent pas et n'acceptent pas le POURQUOI, ils ne se soucieront pas du COMMENT.

Je suis ici pour vous aider à devenir un meilleur conteur d'histoires. Plus précisément, pour vous aider à reconnaître et à expliquer les moyens exacts par lesquels les données permettront à votre organisation de se développer, de s'améliorer et de protéger ses opérations.

J'aurais pu intituler ce livre « Gagner avec la gestion des données », mais personne ne m'aurait cru. Si vous êtes comme les milliers de professionnels des données que j'ai rencontrés au cours de ma carrière, vous avez du mal à communiquer la valeur des données à vos parties prenantes et à la direction de votre entreprise. Cet auditoire ne vous comprend pas. Dans certains cas, il ne comprendra pas les mots que vous utilisez, les images que vous montrez ou les techniques que vous maîtrisez.

Vous devez construire un argumentaire. Vous vendez l'idée de la gestion des données. Pour résoudre votre problème de vente, vous devez travailler sur ce que j'appelle (avec un clin d'œil aux mégadonnées) les *3 V de la narration de la gestion des données* : vocabulaire, voix et vision. Dans la plupart des cas :

- Votre **vocabulaire** est confus;
- Votre **voix** est discordante;
- Votre **vision** est floue.

Lorsque vous communiquez avec les dirigeants, ne vous attardez pas sur les détails techniques, les fonctionnalités et l'architecture de référence, mais concentrez-vous sur les points suivants :

- Établir un **vocabulaire** accessible;
- S'harmoniser avec une **voix** commune;
- Mettre en lumière la **vision** de l'entreprise.

Si vous êtes un leader ou un praticien des données, vous connaissez déjà bien la gestion des données, la gouvernance des données, les données maîtres, les données de référence, les métadonnées, les glossaires métier, les dictionnaires de données, les catalogues de données, les taxonomies, les ontologies, les hiérarchies, les identifiants, les schémas de classification, et bien plus encore. Vous trouverez peut-être les conseils de ce livre simplistes. Vous le trouverez peut-être parfois superficiel ou dépourvu de nuances techniques. C'est délibéré. Pour diffuser un message, il faut le rendre simple. Les responsables de l'entreprise ont besoin d'un moyen accessible pour comprendre les principes fondamentaux de l'importance des données, sans mots à la mode, sans descriptions techniques et sans urgence exagérée.

Vous comprenez peut-être déjà la programmation et la technologies. Comment coder, concevoir et déployer ces solutions. Si c'est le cas, vous en savez plus que moi. Mais ce que vous pouvez apprendre de moi, c'est comment expliquer la valeur de ces choses à vos parties prenantes.

Vous avez probablement besoin de plus d'argent pour gérer les données, car elles ne semblent pas assez importantes pour votre conseil d'administration. Ce n'est pas le truc cool. Ce n'est pas le truc sexy dont tout le monde parle. Si vous souhaitez obtenir un financement, un soutien ou l'engagement des parties prenantes, vous devez être en mesure d'articuler la valeur de votre proposition.

Cela est vrai pour toute proposition, mais pour les leaders en données, cela peut être particulièrement difficile.

Lorsque je vous aide à construire votre histoire de gestion des données, je me concentre presque exclusivement sur la partie concernant les données. Plus précisément, sur l'importance des données structurées et fondamentales comme les données maîtres, les données de référence et les métadonnées. Mon raisonnement est que ce sont des résultats tangibles d'une bonne gestion des données d'entreprise. C'est là que les données commencent. Elles aident l'ensemble de l'organisation. Elles sont en effet les pièces maîtresses de toute entreprise. Elles sont obligatoires. Mais elles sont rarement comprises ou même reconnues par les dirigeants de l'entreprise. Par exemple, mon ami et expert en gouvernance des données, Peter Kapur, conseille à la façon de *Fight Club* : « La première règle pour parler des métadonnées à l'entreprise est de ne pas parler des métadonnées à l'entreprise ».

Pour moi, tout cela semble remarquablement simple et direct. J'ai une longue expérience de la narration de la gestion des données. Mais la plupart des gens, des deux côtés de cet effort de narration, ont du mal à s'y retrouver. Ce sont des praticiens et des responsables de données métier, mais il leur manque certaines des compétences générales nécessaires pour communiquer efficacement avec l'entreprise. C'est pourquoi j'ai ressenti le besoin d'écrire ce livre. Mon intention est d'aider les experts en gestion de données à adopter une approche plus pratique qui aide les chefs d'entreprise à comprendre.

Les données et la technologie reposent sur des compétences solides : codage, gestion, gouvernance, architecture et conception de processus. La narration peut être contraire à vos forces naturelles. Articuler la valeur et obtenir du soutien nécessite souvent des compétences non techniques comme celle de raconter des histoires. Elle est utile, car elle puise dans ce qui fait de nous des personnes. La narration de la gestion des données est une forme d'évangélisation. Vous devez amener les gens à croire en ce que vous dites, même s'ils ne le voient pas. Vous avez besoin qu'ils mettent en pratique ce que vous prêchez.

Un message aux dirigeants d'entreprise

Je peux vous donner quelques explications simples sur les raisons pour lesquelles la gestion des données est essentielle pour votre organisation. Sans entrer dans des concepts et processus techniques que vous n'avez pas besoin de comprendre, je me concentrerai sur l'importance des résultats. Je vous ferai part des façons dont vous pouvez penser au rôle des données fondamentales. Si vous résistez à la gestion des données parce que vous pensez que votre organisation peut survivre sans données, alors rangez ce livre. Préparez-vous à l'échec.

Si, toutefois, vous êtes conscient que les données sont nécessaires mais que vous souhaitez en comprendre davantage sur les raisons pour lesquelles leur gestion est si importante, poursuivez votre lecture. Mon objectif est de vous donner le vocabulaire de base pour comprendre pourquoi la gestion des données doit être un impératif stratégique dans votre organisation. Je veux vous donner quelques conseils pour interpréter ce que certains de vos spécialistes des données essaient de vous dire.

Un message aux experts en science des données

Au fur et à mesure que je me suis impliqué dans la communauté plus large de la science des données, j'ai entendu de nombreuses conversations sur les langages de programmation et d'autres aspects techniques du rôle. Mais un des problèmes récurrents que je constate chez les experts en science des données concerne leur besoin de se « rapprocher des utilisateurs ». Nombre d'entre eux cherchent des moyens de montrer comment leurs talents peuvent apporter une valeur ajoutée à leur entreprise. Ce livre s'adresse également à vous.

Si vous êtes un expert en science des données, vous devez comprendre l'histoire des données de votre entreprise. Plus vous pourrez aligner votre travail sur la valeur fondamentale de votre entreprise, plus vous aurez de succès. Mon objectif est de vous donner un moyen de comprendre l'essence de votre entreprise, et de vous aider à rechercher et à vous engager auprès de vos chefs d'entreprise pour comprendre leurs problèmes et leurs objectifs. Si vous pouvez utiliser votre talent pour faire des données un outil pour la croissance, l'amélioration et la protection de votre entreprise, alors vous réussirez.

Les histoires que je ne raconte pas

Si vous connaissez les phases classiques de conception d'une base de données ou d'un logiciel, à savoir les phases *conceptuelle*, *logique* et *physique*, sachez que je suis très doué pour la phase conceptuelle, que j'arrive à me débrouiller sur le plan technique avec la phase logique, mais que je suis incapable de réaliser la phase physique. Je laisse cela aux modélisateurs de données et aux autres spécialistes qui savent comment s'y prendre. J'ai beaucoup de respect pour cette expertise. Je ne l'ai pas.

Je ne couvrirai pas la partie *gestion* de la gestion des données. Vous trouverez très peu de choses, voire rien, sur les autres sujets essentiels de la gestion des données, tels que la gouvernance, l'intendance, la sécurité, la confidentialité, la modélisation, le stockage, les opérations, l'entreposage, la conception, l'architecture et l'éthique.

Ne vous adressez pas à moi si vous cherchez de l'aide pour choisir des outils, des méthodes et des trucs de programmation pour l'intégration de données et la science des données. Ce n'est pas un livre technique. Je n'ai jamais fait de programmation. Lorsque j'aie étudié KAFKA à l'école, c'était en lisant *La Métamorphose*. Panda et Python sont des animaux que je visite au zoo. NoSQL[5] signifie que je ne devrais pas regarder Rocky IV, V et VI. Mais je sais que le langage de programmation préféré d'un pirate est RRRR!!!

Bien que ce livre traite de la valeur de la gestion des données, je ne propose aucun outil ou mesure de la qualité des données. Vous devez chercher ailleurs les références et les meilleures pratiques pour mesurer et améliorer la qualité des données. En termes de positionnement de la gestion des données, je commenterai plus tard la valeur du mot *qualité*. Ce n'est pas glorieux.

Ce livre ne traite pas de l'organisation des données. Je ne donne aucun conseil sur la façon d'organiser un département de données. Je pense que les DONNÉES devraient constituer un département à part entière dans une organisation, et certainement distinct de l'informatique. Il semble que ce soit un problème structurel que les données soient sous la technologie. Je suis heureux qu'elles deviennent, comme on dit, plus proches des opérations. Il y a de merveilleux experts sur le marché, dont plusieurs que je

---

[5] NdT : En anglais, NoSQL se prononce parfois *No Sequel*, ce qui veut aussi dire « pas de suite ».

connais et admire et qui ont de précieux conseils : Caroline Carruthers, Peter Jackson, Peter Aiken, Martin Treder, pour n'en citer que quelques-uns. Ils ont tous écrit des livres sur le rôle d'un directeur des données (ou CDO).

Je ne peux pas vous aider avec la maturité des données. Il existe de nombreux modèles de maturité des données, probablement trop nombreux. Tous les grands analystes du secteur et les fournisseurs de logiciels proposent de ces modèles. Procurez-vous-en un et évaluer votre situation. George Firican fait un excellent travail pour suivre et comparer les modèles de maturité des données.

Je ne parle pas de la monétisation des données. Comme Doug Laney, le père d'INFONOMICS, me l'a dit lorsque j'ai partagé avec lui le sujet de mon livre : « Scott, s'il te plaît laisse ce sujet aux experts. » Pas de soucis, Doug. Mais si vous voulez monétiser vos données, vous feriez mieux d'avoir une gestion des données robuste en place. Si vos données ne sont pas bonnes, personne ne vous paiera pour elles. Si les données ne sont pas déjà votre produit (et je m'hérisse lorsqu'on suggèrent que « chaque entreprise est une entreprise de données », car ce n'est pas le cas), alors faites attention. À son niveau le plus basique, une entreprise de données est un type d'entreprise différent. La plupart des gens n'ont aucune idée de ce qu'est une entreprise de données. Beaucoup sont tentés par la prémisse évidente, à savoir que vous pourriez gagner de l'argent avec. Mais lisez le livre de Doug pour vous guider.

Je ne vous aiderai pas à définir les redevabilités, les rôles et les responsabilités en matière de gouvernance et d'intendance des données – je ne vous prodiguerai pas de conseils pratiques pour savoir qui fait quoi et dans quelle partie de l'organisation. Si vous avez besoin de ce genre d'aide, je vous encourage à lire le travail de consultants exceptionnels dont j'admire la pensée, dont Nicola Askham, Lara Gureje, George Firican, Bob Seiner, Frank Cerwin, Anthony Algmin, Irina Steenbeek, Henrik Gabs Liliendahl et Aaron Zornes, entre autres.

Ce livre ne vous aidera pas à rédiger un glossaire métier et un dictionnaire de données, à créer un catalogue de données, à documenter vos modèles de données, à unifier votre langage tribal interne pour les entités, ni à trouver un moyen d'obtenir un consensus entre les parties prenantes sur les définitions. Vous devez faire tout cela. Elles sont obligatoires pour le succès des données. Une fois que vos dirigeants soutiennent la gestion des données de manière holistique, vous pouvez obtenir l'autorité nécessaire pour accomplir ces tâches. Pour obtenir ce soutien, ils doivent d'abord entendre votre histoire de données. C'est là que je peux vous aider. Ils participeront plus facilement à tout ce qui précède une fois que vous les aurez enchantés.

On ne peut ignorer aucune de ces choses. Mais si vous les faites toutes et que vous n'arrivez toujours pas à raconter la bonne histoire, vous continuez à risquer que la gestion des données soit reléguée par la direction au rang des sujets « pourquoi devons-nous encore faire cela ? ». C'est l'objectif de ce livre : vous aider à mieux en parler. Pour vous aider à transmettre la valeur, l'importance et l'urgence du travail que vous savez déjà faire.

Les histoires que je raconte

La plupart des gestionnaires de données que j'ai connus et aimés sont sincèrement passionnés par la valeur des données. Ils comprennent au plus profond d'eux-mêmes que les données peuvent développer, améliorer et protéger leurs entreprises. Cependant, beaucoup d'entre eux ont du mal à exprimer cette valeur d'une manière accessible aux dirigeants, surtout lorsqu'ils sont en concurrence pour le financement avec des collègues des ventes et du marketing qui savent mieux raconter leur histoire.

Je cherche l'essence des choses. J'ai passé du temps à simplifier les concepts. L'espace des données et de la technologie peut devenir compliqué et déroutant très vite. J'aime en parler de manière simple et accessible, de façon à enthousiasmer les gens pour quelque chose qu'ils n'avaient pas réalisé qu'ils devaient faire. C'est mon point fort – trouver ces pépites, ces histoires, ces exemples, ces phrases pour décrire la partie compliquée des données.

De nombreux processus métier, opportunités, défis, obstacles et problèmes s'améliorent avec de meilleures données. De meilleures données, c'est mieux. Ne laissez personne vous dire le contraire.

Le prouver est la partie difficile. Lorsque vous avez une minute avec votre PDG, lui montrez-vous fièrement votre dernière architecture des données de référence? Parlez-vous sans cesse de la faible qualité des données? Est-ce que vous vous appuyez sur des métaphores confuses et surutilisées comme « les données sont le nouveau pétrole »?

Pourquoi ces déclarations sont-elles importantes pour votre entreprise? Elles ne le sont pas vraiment. Cette approche est devenue un cliché et n'entraînera aucune action. Elle ne permettra pas d'obtenir du financement ou un engagement plus ferme.

Bien que la scénarisation et la littératie des données soient de plus en plus populaires, elles sont axées sur l'utilisation des résultats de l'informatique décisionnelle et de l'analyse dans un contexte opérationnel ou de mise en marché. La scénarisation des données consiste à raconter des histoires avec des données. En revanche, la narration de la gestion des données s'attache à raconter des histoires sur les données. Les gestionnaires de données qui cherchent à améliorer leurs compétences générales et à mettre en œuvre des techniques simples de narration auront plus de chances de voir leurs initiatives occuper la place qui leur revient dans le plan stratégique de leur organisation.

CHAPITRE 2

État actuel de l'histoire de la gestion des données

La scénarisation et la littératie des données sont probablement les tendances non techniques les plus en vogue dans l'espace technologique. Aucune d'entre elles ne soutient directement la gestion des données. Il faut que cela change.

---

*Il existe deux types de narration des données : Les histoires
AVEC les données (pour l'analytique) et les histoires SUR les
données (sur l'importance de la gestion des données).*

Gardez à l'esprit qu'il existe deux types de *narration des
données*. Le type le plus populaire concerne généralement
l'analytique. Il guide l'utilisation des informations pour
stimuler l'action commerciale. De nombreux et excellents
experts et leaders d'opinion proposent du matériel pour
aider les professionnels de l'analyse et de la science des
données. Associés à la littératie des données, ces efforts
contribuent grandement à la diffusion et à l'utilisation
efficaces des informations dans une entreprise. Des experts
du secteur comme Kate Strachnyi, Nancy Duarte, Cole
Nussbaumer Knaflic, Mico Yuk, Brent Dykes, Jordan
Morrow et Zack Mazzoncini sont tous à la tête de
pratiques formelles sur la manière de mieux communiquer
avec les données par le biais de graphiques, d'affichages,
de visualisations, de tableaux de bord et de techniques de
développement commercial. Il s'agit d'un domaine de
connaissances approfondi et vital, d'une importance
cruciale pour toute organisation axée sur les données.

Il est temps, cependant, d'élargir le domaine de la
narration des données pour reconnaître le rôle de la
gestion des données. Il s'agit de l'histoire qui explique
pourquoi les données sont vitales pour une organisation et
pourquoi elles doivent être gérées de manière stratégique.

Alors qu'une histoire de données analytiques consiste à raconter une histoire *avec* des données et à les utiliser, l'histoire de la gestion des données *concerne* les données et leur création. Les deux sont importantes. Elles sont liées. La segmentation de ces deux types de narration des données permet de clarifier votre objectif et votre but. Chaque organisation doit faire les deux.

Lorsque je lis la définition que donne Gartner de la littératie des données – *la capacité de lire, d'écrire et de communiquer avec des données dans leur contexte* – je ne vois rien sur la gestion des données. La majorité du temps et des efforts consacrés à la narration des données et à la littératie des données sont consacrés à *expliquer l'analytique*.

En fait, je vois deux grandes catégories dans l'espace des données au sens large : les données (c'est-à-dire la gestion des données) et l'analytique (une sorte d'informatique décisionnelle). *L'analytique,* et les capacités étendues basées sur l'informatique décisionnelle, comme l'intelligence artificielle, l'apprentissage machine, la science des données et la visualisation des données, visent à rendre les données plus utiles pour une organisation. C'est là que vous obtenez du SENS. Les activités autour de la gestion des données garantissent que les données sont de confiance : gouvernance des données, qualité des données, catalogues, glossaires métier, données maîtres, de référence, métadonnées, GDM (MDM), GDR (RDM) et GIP (PIM)[6]. C'est ici que vous déterminez la VÉRITÉ.

Figure 3 Il existe deux types de narration des données.

La narration des données ne concerne pas seulement l'analytique. Mais si vous regardez le contenu publié sur la narration des données, il est consacré à des conseils sur la visualisation, les tableaux de bord, les diagrammes, les graphiques et autres moyens d'expliquer l'analytique. L'analytique peut apporter toutes sortes de valeurs à une entreprise, à condition que les données soient dignes de confiance. Sans gestion des données, cependant, les narrateurs de l'analytique n'ont pas d'histoire à raconter –

---

[6] NdT : GDM Gestion des données maîtres; GDR Gestion des données de référence; GIP Gestion des informations sur les produits.

l'analytique crée *l'intrigue,* mais les *personnages* viennent de la gestion des données. Voici un exemple simple de titre d'une histoire de données analytiques :

Notre part de marché est en baisse dans nos principales régions, nous devons donc renforcer les prix promotionnels.

Grâce à l'analyse, ce narrateur a prouvé que la part de marché dans certaines régions est en baisse et il recommande d'inciter les clients potentiels avec une nouvelle offre pour augmenter le volume et ainsi la part de marché. Tous les personnages de cette histoire sont issus de la gestion des données. Le calcul de la *part de marché* nécessite une définition claire des catégories et des concurrents. Les *ventes* sont une forme agrégée de transactions. Les transactions sont constituées de l'intersection d'un *client* et d'un *produit* à un moment donné pour un prix particulier – en d'autres termes une *relation* et une *marque.* La gestion des données régit la définition du client et du produit. Les définitions normalisées du marché sont établies grâce au travail de gestion des données. Certes, les départements participent aux définitions, mais l'histoire s'effondre si ces termes ne sont pas clairement définis. Les questions abondent : Qu'entendez-vous par principales régions? Quels clients? Quels produits?

Chaque entreprise a une histoire de données à raconter. Elles doivent la raconter pour deux raisons particulières :

D'abord, l'investissement dans la gestion des données est un élément crucial pour le succès de l'entreprise. Cet investissement doit être une initiative permanente et stratégique, et non un projet ponctuel et ad hoc. La plupart des dirigeants d'entreprise, des conseils d'administration et des parties prenantes ne le comprennent pas. Ce n'est pas parce qu'ils ne sont pas intelligents ou avertis, mais simplement parce qu'ils n'ont pas été sensibilisés à la nécessité de gérer les données d'une manière accessible et dans une perspective stratégique. Pour attirer leur attention, on doit avoir un récit qui les convainque que la gestion des données n'est pas une option.

Par ailleurs, les tendances plus bruyantes, plus cool et, souvent, plus « sexy », échouent sans une bonne gestion des données. De nombreux investissements massifs sont terriblement sous-performants. La valeur de chaque initiative de transformation numérique orientée vers le client, de chaque projet basé sur la science des données et l'analytique, de chaque offre de service, de chaque incursion dans le commerce électronique et de chaque mise en œuvre de logiciels d'entreprise est inextricablement liée au succès des efforts de gestion des données. Bien qu'il s'agisse d'une simple fonction du principe « ordures à l'entrée, ordures à la sortie », ce slogan sert rarement de moteur à une action exécutive durable.

Nous devons prendre la parole. Combien d'entre vous restent silencieux lorsqu'un expert de l'informatique décisionnelle affirme que « sans analyse, les données ne sont qu'un centre de coûts » ou que « les données n'ont aucune valeur si elles ne sont pas analysées. » C'est votre travail! Un boulanger ne dirait jamais « la farine n'a aucune valeur si je n'en fais pas du pain », car il respecte les ingrédients. Il ne fait aucun doute que l'informatique décisionnelle offre des capacités incroyables, mais sans une bonne gestion des données, ces efforts sont vains. Mettez au défi la communauté analytique de mettre fin à ce type de comparaison entre la valeur des données et celle de l'analytique. Cela n'aide personne à obtenir le soutien des dirigeants.

Le besoin de gestion des données n'a jamais été aussi grand. La convergence des modèles sociaux, mobiles et de l'infonuagique est à l'origine de nouveaux scénarios commerciaux au sein de la macro-tendance de la transformation numérique. Cette transformation débloque une valeur inexploitée, des expériences innovantes et des modèles commerciaux perturbateurs. Dans une organisation transformée par le numérique, les données circulent de manière transparente d'un processus à l'autre et entre les partenaires externes. Les utilisateurs peuvent consacrer leur temps à améliorer leur interaction avec les clients plutôt qu'à remettre en question les données.

La route vers la débâcle de la gestion des données est pavée de bonnes intentions, tant stratégiques que tactiques. Les parties prenantes de l'entreprise, à tous les niveaux, peuvent avoir une exposition limitée à l'importance critique de la gestion des données d'entreprise. Les défaillances typiques des programmes de gestion des données comprennent, entre autres, les éléments suivants :

- La gestion des données est financée comme un projet et non comme un programme.

- Absence de démonstration de la valeur immédiate.

- Extension de la portée sans définitions claires.

- Manque de conformité et de soutien de la part des autres départements.

- Sous-estimation du changement de culture, du soutien organisationnel et de la gestion du changement nécessaires pour réussir.

- Absence de retour sur investissement direct.

- Définition irréaliste de la portée – souvent appelée rétrospectivement « faire bouillir l'océan ».

- L'exécution est un effort dirigé par l'informatique.

- Apathie culturelle, comportements cloisonnés, analyses artisanales et mépris général des exigences en matière de gouvernance des données.

Vous avez défini les cas d'utilisation, travaillé sur le plan de mise en œuvre et fourni un retour sur investissement clair. Vous pensiez avoir tout prouvé. Mais vous n'avez pas réussi à convaincre les personnes qui détiennent l'argent et qui n'ont pas le temps de vous écouter.

Pour évangéliser les programmes de gestion des données, les responsables doivent créer un récit convaincant. Dans un article récemment publiée, *Data Management Has Failed!*, Tom Redman, John Ladley et un grand nombre d'autres experts de longue date de DAMA, l'association internationale de gestion des données, ont rédigé un appel à l'action recommandant des « mesures audacieuses et puissantes » nécessaires pour obtenir le soutien des dirigeants d'entreprise à la gestion des données. Ils suggèrent : (1) de retirer la technologie de la conversation, (2) de se concentrer sur les résultats, et non sur les détails, et (3) d'obtenir un véritable engagement de la part des dirigeants. Il s'agit en effet d'actions louables, mais le véritable nœud du problème se cache peut-être dans l'observation de Redman et Ladley selon laquelle « en tant que communauté, nous n'avons pas réussi à éduquer nos dirigeants... et à élaborer des messages que les gens écouteront. »

Ils ont raison. Il y a trop de discours techniques, ce qui rend les *messages* sur la gestion des données très difficiles à comprendre. L'argumentaire actuel de la gestion des données n'est tout simplement pas convaincant. Il existe de multiples raisons pour lesquelles les programmes de gestion des données peuvent échouer, mais une majorité écrasante souffre d'une incapacité à démontrer et à communiquer l'alignement avec l'entreprise.

Le fait que les efforts de gestion des données ne soient pas considérés comme passionnants, innovants ou « cool » n'aide pas. Pendant ce temps, l'informatique décisionnelle, dans toutes ses itérations (intelligence artificielle, apprentissage automatique), bénéficie d'une exposition, d'une mise en lumière et d'un soutien disproportionné. L'élévation de ces pratiques à une stature quasi héroïque continue d'accorder une importance excessive à l'informatique décisionnelle par rapport à la gestion des données.

Les tendances à la mode font la sourde oreille à la gestion des données. Où est la voix active de la gestion des données dans la narration, la littératie et la visualisation des données? Je ne l'entends pas. La science des données, dans tout son panache de profession sexy, passe sous silence la valeur fondamentale de la gestion des données. Nous semblons insensibles aux affirmations selon lesquelles les experts en science des données passent 60 à 90 % de leur temps à *bidouiller* et à *triturer* des données. Ces jolis termes masquent le véritable problème. L'accès à des données mieux gérées permet d'éviter une grande partie de ces manipulations, car les données sont sans doublons, bien gérées et avec une structure de hiérarchies, de taxonomies et de géographies gérée par des experts.

En outre, McKinsey Digital a identifié six meilleures pratiques de gestion des données dans son document intitulé « *Designing Data Governance That Delivers Value* » :

1. **Obtenir l'attention de la direction générale;**
2. S'intégrer aux principaux axes de transformation;
3. Classer les actifs de données par ordre de priorité et orienter le leadership en conséquence
4. Appliquer le bon niveau de gouvernance;
5. Choisir une mise en œuvre itérative et ciblée;
6. **Susciter l'enthousiasme pour les données.**

Le premier et le dernier point soutiennent la nécessité de mieux raconter l'histoire des données. Pour capter l'attention de la direction et susciter l'enthousiasme pour les données, vous devez raconter une histoire convaincante sur la gestion des données.

L'histoire des données fondamentales

Si vous avez un problème lié à la technologie, il est généralement associé à trois éléments : le matériel, les logiciels (et j'y inclus toute forme de codage) et les données. Avant de hurler « personnes, culture et processus », svp continuez votre lecture.

Imaginons que les rapports trimestriels pour votre PDG ne soient pas corrects, ou que votre expérience client soit en pagaille. Où se situe le problème? Est-ce le matériel? Probablement pas. Vous disposez d'un fournisseur d'info-nuagique fiable et sécurisé. Est-ce le logiciel? J'en doute. Les logiciels commerciaux font généralement ce qu'ils sont censés faire. Est-ce que ce sont les données? Très proba-blement. Alors, est-ce l'analytique? Parfois. Mais les méthodes d'analyse en production sont en générale bien testées. Où se situe le problème? La cause profonde se trouve souvent dans les données sous-jacentes qui représentent la structure des résultats : données maîtres, de référence, métadonnées – tout cela relève de la gestion des données. Si la hiérarchie de vos clients est erronée, vos rapports ne sont pas fiables et votre expérience client est un désastre. En cas de fuite de données, il y a de fortes chances que quelqu'un, d'une manière ou d'une autre, ait falsifié son identité. L'identité authentifiée est un avantage crucial des données hautement structurées.

Lorsque vos données sont bonnes, elles sont très, très bonnes, et lorsqu'elles sont mauvaises, elles sont horribles.

Les perturbateurs classiques de chaque industrie, Airbnb, Uber, Amazon, par exemple, prospèrent tous grâce à des données bien gérées. Leurs services échouent sans les données maîtres, de référence et les métadonnées qui les alimentent. Lorsque vous cliquez sur le téléphone, une voiture arrive. Lorsque vous recherchez un produit, des alternatives vous sont proposées. Ce n'est pas de la magie.

Bien sûr, il faut des systèmes, mais sans les données fondamentales, cela ne fonctionnera pas.

Comment commencer à exprimer la valeur de ce type de données? Voici quelques idées :

- Il s'agit d'un *langage commun* pour votre organisation. Un vocabulaire commun pour des définitions claires de vos relations les plus importantes : clients, distributeurs, partenaires, et vos marques, produits, actifs et services.

- Il s'agit de *rangées et de colonnes*. Si vous pensez à une technique de visualisation des données comme un tableau, les gens sont doués pour les colonnes, mais ils ne le sont pas pour les rangées. C'est la partie des données maîtres – toutes ces rangées. Les données qui composent les rangées correspondent aux données contenues dans les colonnes. Ajouter des colonnes est facile – aligner des rangées est difficile.

- Il s'agit de la *vérité et de la signification*. Ce n'est pas l'œuf ou la poule ici. C'est l'œuf et l'omelette. Les données sont l'ingrédient principal de l'analytique. Vous devez déterminer la vérité de vos données avant de dégager une quelconque signification.

- Il s'agit de *prendre soin de vos relations*. Comment faites-vous pour développer, améliorer et protéger votre entreprise? Je sais qu'il y a d'autres choses que les gens font dans leur entreprise, mais si vous y pensez – développer, améliorer et protéger votre entreprise – c'est ce que vous faites le plus souvent. Les données structurées peuvent vous aider à faire les trois en même temps.

- Il s'agit de *prendre de bonnes décisions*. Tous les gens d'affaires veulent prendre de bonnes décisions. *Mais les bonnes décisions prises sur la base de mauvaises données ne sont que de mauvaises décisions dont vous n'êtes pas au courant...**pour le moment**.*

Votre histoire de données traite de vos douleurs liées aux données

La gestion des données peut être synonyme de douleur. Je suis dans ce métier depuis assez longtemps pour remarquer qu'on n'utilise pas de petits euphémismes mignons comme « nous avons un défi » ou « nous avons un obstacle ». Ils parlent de douleur physique. J'ai appris cela au début de ma carrière lorsque je me suis adressé à une équipe de vente et que le responsable m'a dit : « Vous savez Scott, nous pouvons découper nos données comme nous le voulons. Tout ce que j'ai à faire, c'est d'appuyer sur un bouton » Alors ce courageux analyste des ventes au bout de la table s'est levé et a dit : « Monsieur, je suis le bouton. » Vous êtes probablement « le bouton » dans votre organisation. Ça fait mal.

Voici un exemple de douleur. Soyez prêt. J'appelle ça des données nues. Il n'y a aucun moyen de s'en cacher :

The New York Times Media Group	NESTL	7 11
The New York Times Company	NESTL ℾ	7 - 11
New York Times Co.	NESTL ℾ-	7.11
New York Times, The	NESTL ㏇	7/11
The N.Y. Times	Nestle	
New York Times	NESTLE	7\11
N.Y. Times	NESTLÉ	7=11
NY Times	NESTLE'	7-11
NYTimes	NESTLE-	SEVEN ELEVEN
Nytimes	NESTLE/	SEVEN/ELEVEN
	NestlϴΘ	SEVEN-ELEVEN
	NestlϴΘ-	
	NESTRAD	

Figure 4 Des processus distincts produisent des enregistrements doublés avec des conventions de dénomination incohérentes.

C'est là le problème. Ces exemples embarrassants proviennent de grandes entreprises mondiales qui ne savent pas ce qu'elles font avec le New York Times, qui ne parviennent pas à trouver un moyen de saisir correctement Nestlé, qui ne savent pas comment faire un topo sur 7-Eleven. Et cette prochaine figure vient d'un manufacturier qui plaçait ces produits dans les magasins. Ils disposaient d'un fichier d'emplacements de vente au détail avec plus de 275 configurations du nom de la bannière 7-Eleven – beaucoup de créativité, mais rien qui ne vende des produits. Si vous pensez que le logiciel va toujours résoudre le problème, mettez cela dans Excel, et vous obtenez le 7 novembre (sauf pour ceux qui aux EU qui obtiennent le 11 juillet).

Figure 5 Exemple du manque de gouvernance des données. Le logiciel ne règle pas toujours le problème.

Trouvez ou créez un exemple de ce type à partir des données de votre propre organisation. Bien que je parle toujours de l'approche conceptuelle et stratégique de haut niveau, l'ancrer avec des exemples de la réalité physique produit un effet puissant. Vous ne pouvez pas vous soustraire de ce genre de mauvaises données par de beaux discours. Malcolm Hawker, de Gartner, appelle cela le *constat de la honte*. « Parfois, il est nécessaire de mettre les gens face à leurs mauvaises données », dit-il. Mettez cela sous les yeux de vos dirigeants qui ne comprennent pas pourquoi vous ne pouvez pas obtenir le bon type d'analyse. Cela fonctionne parce que ça fait mal.

Le règle d'or des données

GIGO- Garbage In, Garbage Out. Certains le connaissent sous le nom de « ordures à l'entrée, ordures à la sortie ». Chaque professionnel des données l'apprend dès son premier jour. C'est une réalité inéluctable, aussi inévitable que la physique newtonienne. Ce qui monte doit redescendre. Ce qui entre doit sortir. C'est devenu une réponse standard. C'est presque un commentaire à la sauvette marmonné par un analyste au fond de la pièce.

« Pourquoi ces rapports sont-ils faux? » demande-t-on.

« *GIGO* », grogne l'analyste.

Je souhaite repositionner et rafraîchir cette notion en la transformant en « Règle d'or des données » : Faites à vos données ce que vous voudriez que l'on fasse à votre égard.

Quel que soit le dirigeant, peu importe le département et le système qui le soutient, tous ont besoin d'un contenu structuré de données gérées. Des déchets dans la gestion de la relation client (CRM)? Vous obtenez une mauvaise expérience client et des opportunités manquées. Des déchets dans le système de planification des ressources de l'entreprise (ERP)? Vous avez une planification des ressources sous-optimale. Des déchets dans un système FinTech? Vous risquez de recevoir la visite des autorités de réglementation. Des déchets dans l'apprentissage automatisé? Vous avez de mauvais robots. Des déchets dans l'informatique décisionnelle? Des mauvaises décisions. Des déchets dans l'IA? SA! Stupidité artificielle! Quelle que soit la manière dont vous les découpez, la règle d'or des données prévaut.

Il était une fois...

Votre histoire de gestion des données commence par la raison d'être de votre entreprise. Que fait votre entreprise? Essentiellement, chaque entreprise souhaite apporter de la valeur à ses relations par le biais de ses marques à grande échelle. Que vous soyez dans le secteur bancaire ou industriel, dans une entreprise de médias ou dans une start-up numérique, c'est ce que vous essayez de faire. Vous avez des relations, et vous avez des marques. Vous voulez que ces marques apportent de la valeur à vos relations. C'est là tout l'intérêt de l'entreprise.

Maintenant, examinez tout cela et demandez : avons-nous les données derrière ces idées? Quelle est la qualité des données dont vous disposez pour ces relations? Client, vendeur, partenaire, citoyen, patient ou consommateur. Du côté de la marque, il s'agit d'un produit, d'un service, d'une offre, d'une bannière, d'un actif ou d'un emplacement. Ce sont tous des domaines de données maîtres classiques. Donc, au lieu de dire « nous devons améliorer la qualité de nos données de base clients et fournisseurs », inversez la conversation. Concentrez-vous sur les initiatives que vous avez prises au sein de l'organisation pour établir et renforcer vos relations, transformer votre expérience client ou passer à une prestation de service en ligne.

Ces grandes idées nécessitent souvent l'approbation de l'équipe de direction. En tant que responsable de la gestion des données, vous devez montrer que vous avez besoin des données pour les concrétiser. Voulez-vous transformer votre expérience client? Parlons-en. Qu'est-ce que cela signifie pour vous? Un engagement meilleur et plus profond? Un assortiment prédictif? Une tarification dynamique? Peu importe ce que cela signifie, il y a un élément de données. Il y a des données sur les clients qui ne sont probablement pas très bonnes parce que vous avez des doublons. Il existe des données sur les marques et les produits qui sont éparpillées dans toute l'organisation et incomplètes. Si l'intention stratégique de l'organisation est de se développer par le biais de nouvelles expériences transformationnelles, vous ne pouvez pas le faire si vous ne disposez pas des données fondamentales.

La plupart des messages sur la gestion des données se concentrent sur les caractéristiques plutôt que sur les avantages. Réduire les doublons, améliorer les données de mauvaise qualité, créer un « enregistrement doré », construire une vue à 360° du client ou du produit. Une meilleure prise de décision, la conformité aux réglementations, une hiérarchisation efficace des priorités, l'augmentation de la valeur pour les actionnaires – ce sont des avantages, mais franchement, ils peuvent sembler génériques. La plupart des dirigeants d'entreprise ne se soucient pas de ces fonctionnalités. Ils se posent toujours la même question :

Pourquoi devrais-je m'en préoccuper?

Pourquoi une histoire sur le pourquoi

Dans son livre *Start with Why*, Simon Sinek déclare : « Les gens n'achètent pas ce que vous faites, ils achètent pourquoi vous le faites. » Sinek n'a pas inventé l'idée du POURQUOI, mais il a fait un excellent travail pour la populariser. Son auditoire est principalement composé de spécialistes du marketing et de marques grand public, mais il en va de même pour les dirigeants d'entreprise qui doivent soutenir l'utilisation des données. Bien que le POURQUOI soit la question la plus cruciale dans le monde des affaires, les discussions sur les données dans les entreprises ont tendance à porter principalement sur le COMMENT : comment quelque chose sera conçu, comment cette interface se connecte à celle-là, comment tout cela fonctionne. Lorsqu'un chef d'entreprise demande pourquoi quelque chose va faire tourner son entreprise, le responsable des données lui montrera invariablement un schéma de l'architecture, un graphe réseau à l'allure d'un chrysanthèmes ou un ensemble vertigineux de diagrammes de flux, qui expliquent rarement le POURQUOI.

Il y a un équilibre, mais il y a aussi un ordre. Si vous voulez comprendre ou articuler la valeur des données pour votre organisation, et que vous ne pouvez pas exprimer d'abord le POURQUOI, alors le COMMENT n'aura jamais d'importance.

Il m'est arrivé que des PDG m'interrompent et me demandent « pourquoi me dites-vous cela? ». Méfiez-vous de la question la plus redoutée de toutes : « *Pourquoi devrais-je m'en préoccuper?* » Si cela vous arrive, vous avez intérêt à être prêt avec une réponse.

Si vous êtes comme la plupart des responsables de données, vous êtes frustré que votre direction ne vous comprenne pas. Les analystes du métier peuvent vous déconcerter. Les vendeurs d'outils et les consultants vous ont peut-être échaudé. Vous en avez assez de vous taper la tête contre le mur. Et quand vient enfin le moment de faire valoir vos arguments, vous échouez.

Alors, recommençons à zéro. Il était une fois...

CHAPITRE 3

Histoires de données communes

Voici une histoire de données

Bienvenue à la Cité des entreprises, une utopie d'interopérabilité où les informations circulent de manière transparente, des flux de travail vers la périphérie, à travers des écosystèmes intégrés. Mais il n'en a pas toujours été ainsi.

Il n'y a pas si longtemps, la Cité des entreprises était coincée dans un âge d'héritage. Séparée et attaquée par les SILOS. Confondus et distraits par la DÉSINFORMATION! Inondée de DOUBLONS qui envahissaient même le plus simple des fichiers! Et aucune SOURCE UNIQUE DE VÉRITÉ n'était trouvée nulle part! À cette époque désespérée de données disparates, un nouveau héros est apparu. C'était le héros dont la Cité des Entreprises avait besoin. Quelqu'un que nous avons toujours côtoyé mais que nous n'avons jamais connu.

Dans toute la Cité des Entreprises, tout ce que l'on faisait était transformé en données. Les entreprises passaient de l'analogique au numérique. Et au lieu d'un fabuleux savoir, ce n'était que chaos! Pour dompter ces volume, vélocité et variété de données, DONNÉES MAÎTRES est apparue, brandissant sa plus grande arme... LA VÉRITÉ.

Quand SILOS coupe les liens, DONNÉES MAÎTRES permet l'intégration et l'interopérabilité. Quand les DOUBLONS envahissent les bases de données, DONNÉES MAÎTRES résout leur identité de façon unique. Quand la DÉSINFORMATION conduit à de mauvaises décisions d'affaires, DONNÉES MAÎTRES offre des informations irréfutables. DONNÉES MAÎTRES a apporté de la structure à ce qui n'était pas structuré dans tous les secteurs de la Cité des Entreprises.

Ainsi, lorsque les silos, les doublons et la désin-
formation menacent. Faites appel à DONNÉES
MAÎTRES. Posez audacieusement les bases de la
gestion des données et apportez la vérité et le sens à
votre entreprise. Depuis, tout le monde à la Cité des
Entreprises aime et fait confiance à ses données et
est heureux au travail.

Est-ce ainsi que vous racontez l'histoire de vos données? Probablement pas. C'est peut-être un peu trop dramatique pour la plupart des conseils d'administration, mais si vous êtes comme les milliers de professionnels des données que j'ai rencontrés au cours de ma carrière, vous avez certainement ce type de passion, d'enthousiasme et de conviction dans le pouvoir et la valeur des données bien gérées.

Les problèmes de données existent depuis que les données existent. Les défis liés à la collecte, à la compréhension et à l'intégration des données sont aussi vieux que les données elles-mêmes. Comme Jason Foster de Cynozure me l'a dit un jour, « Vous ne pouvez pas acheter Client 360, vous devez le construire ». Il n'existe pas de solution miracle pour obtenir un enregistrement doré[7]. Mais il devrait y avoir un certain réconfort à savoir que les problèmes de données implicites que vous rencontrez ne sont pas particuliers à votre type d'entreprise ou votre industrie, et

---

[7] NdT *Golden Record* en anglais

encore moins sur votre région. « Si vous travaillez dans une entreprise, vous avez des données d'entreprise », a déclaré Doug Kimball de Stibo Systems. « Si vous avez des données d'entreprise, alors vous avez des problèmes de données d'entreprise. »

Cette situation est réelle dans toutes les entreprises. Pourquoi? Il est utile de fournir un contexte général pour expliquer comment nous en sommes arrivés là. Je crois que c'est l'histoire des données de tout le monde. Les sections suivantes présentent une description générique des situations les plus courantes en matière de données. Si vous vous retrouvez dans l'une de ces situations et que ce texte vous aide, utilisez-le pour raconter votre histoire. Vous ne pouvez pas me le voler, car je vous le donne.

Problèmes communs, même solution, douleurs distinctes

Dans les murs des entreprises, diverses circonstances soulignent la nécessité de gérer les données. Il s'agit entre autres de l'augmentation significative des nouvelles données, de l'évolution du rôle des logiciels d'entreprise, de la mauvaise communication entre les employés des différents services, de la qualité inégale des données fournies par des services tiers et de l'absence de normes de gestion des données. Ces situations peuvent entraîner un manque d'harmonie dans l'organisation et des opportunités commerciales manquées.

Vous avez différents systèmes (ventes, marketing, finances, opérations, …). Vous avez différentes régions. Vous pouvez être local. Vous pouvez être mondial. Vous pouvez être multinationale. Vous avez différents marchés cibles. Plus vos marchés cibles sont complexes, plus il y a de données à leur sujet, et moins ces données sont cohérentes. Et enfin, vous avez de plus en plus de données provenant de tiers. Le défi classique est le suivant :

*Systèmes et flux de travail multiples
créent des données disparates
avec des définitions différentes
qui manquent de normes internes.*

C'est partout. Si vous vivez cela et pensez que c'est particulier à votre industrie ou spécifique à votre entreprise, dites-vous que c'est partout.

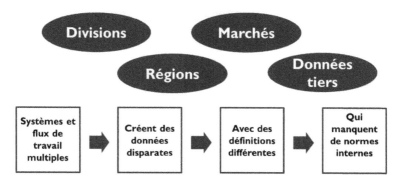

Figure 6 Défi classique des données.

Les données maîtres fondamentales sont les informations nécessaires sur les relations et les produits partagées par tous les systèmes, applications et processus internes pour optimiser et fiabiliser vos données opérationnelles, vos rapports transactionnels et votre activité commerciale. Étant donné que les entreprises et les départements individuels doivent planifier, exécuter, surveiller et analyser ces entités collectives, plusieurs versions des mêmes données peuvent résider dans des systèmes départementaux distincts. Il en résulte des données disparates, difficiles à intégrer entre les fonctions, et assez coûteuses en termes de gestion des ressources et de développement informatique.

Les initiatives transversales, les achats et la planification, les fusions, les acquisitions et la gestion du contenu ne sont que quelques exemples de l'apparition de nouveaux silos de données. D'importants efforts stratégiques, qui font partie de toute stratégie d'informatique décisionnelle, peuvent être entravés ou bloqués si les données maîtres fondamentales ne sont pas en place. En réalité, les données maîtres sont le seul moyen de connecter de multiples systèmes et processus, tant à l'interne qu'à l'externe.

Approfondissons notre compréhension du contexte commercial. En cette période d'innovation et de perturbation, les responsables d'entreprise sont pratiquement incapables de suivre et de mesurer l'activité au sein et à travers une multitude de disciplines et de canaux, car il n'y pas de normes appliquées à la gestion des données.

À l'externe, les entreprises imposent leurs données structurées et non structurées à leurs partenaires commerciaux, laissant à chacun le fardeau continuel d'appliquer des ressources pour concilier les différences.

Le concept sous-jacent de la gestion des données, et en particulier des données maîtres, est étonnamment et fallacieusement simple. Mettons tout le monde « sur la même longueur d'onde » en faisant en sorte que les données d'entreprise et leur agencement dans les logiciels soient régies par des normes qui permettent une méthode cohérente pour la saisie des données et l'exactitude des états. Cela n'a jamais été aussi important pour les entreprises. L'évolution du paysage du marketing, des médias et de la distribution offre une multitude de moyens pour se connecter et s'engager avec les clients et les consommateurs à travers la vie quotidienne. L'exécution des campagnes et la connaissance de l'auditoire permettent d'orienter les investissements futurs vers le bon dosage des médias et des autres programmes de marketing. Ces analyses nécessitent des pratiques rigoureuses de gestion des données pour être significatives et fiables. Par conséquent, le défi auquel sont confrontées les entreprises est de tirer parti de ce nouveau paysage par le biais d'une approche cohérente afin d'en récolter les opportunités.

Dans tous les secteurs d'activité, des milliers de logiciels départementaux aident à planifier, exécuter et surveiller l'activité commerciale. Qu'elles soient prédéfinies ou personnalisées, ces solutions ont été conçues pour traiter des segments d'un processus métier pour un service ou un cas d'utilisation spécifique, sans point de référence à l'échelle de l'entreprise et encore moins à celle de l'industrie.

À l'intérieur et à l'extérieur des frontières de l'entreprise, l'alignement des données entre les partenaires commerciaux est fondamental pour les objectifs individuels et collectifs. Cependant, compte tenu du grand nombre de parties prenantes en conflit au sein d'une entreprise et parmi les partenaires, la collecte, l'acquisition et la maintenance des données fondamentales est une tâche complexe. Les responsables de marques veulent avoir une vision globale de l'exécution du marketing afin de garantir l'utilisation la plus correcte et la plus efficace des médias. Ils veulent comprendre leur chaîne d'approvisionnement à travers un éventail de partenaires, qu'il s'agisse de fournisseurs ou de clients. Tout le monde veut de meilleurs résultats, des informations plus détaillées et une redevabilité plus stricte. Les dirigeants de tous les maillons de la chaîne de valeur veulent savoir « comment améliorer leur capacité à fournir la bonne valeur au bon moment et dans le bon contexte. »

Lorsque l'on considère la nature compétitive et dynamique des entreprises d'aujourd'hui, la nécessité de gérer les données devient évidente. On assiste à un raz-de-marée d'innovations dans l'engagement des clients par le biais des médias sociaux et des appareils mobiles, dont une grande partie contient des informations intrinsèquement non structurées et déconnectées relatives aux produits dans toutes sortes de contextes. Par exemple, un constructeur automobile peut diffuser des images de marque à l'échelle nationale et les soutenir par des médias locaux mettant en avant les promotions chez les concessionnaires. Ou encore, une marque de boissons gazeuses qui fait de la publicité lors de la diffusion d'un championnat sportif national se coordonnera avec les détaillants locaux pour obtenir le soutien de formats d'emballage spécifiques dans les différents dépôts. Les deux sociétés peuvent avoir recours à la publicité numérique, extérieure, en magasin, à la radio, au câble, à la diffusion, à la presse écrite et à la publicité mobile sur plusieurs marchés.

Il y a trois parties principales dans ces campagnes : les médias, l'agence de publicité et le responsable du marketing de la marque.

Pour les médias, où le message est placé, des systèmes disparates peuvent rendre extrêmement difficile de proposer et de prouver la performance d'un ensemble multicanal et de gagner plus de parts de budget pour les futures campagnes. Pour chaque exécution de campagne de marketing, des données existent dans les systèmes logiciels sur les clients, les fournisseurs, les marques, les médias, les contrats, les transactions par poste, les actifs créatifs, les données démographiques de l'auditoire, les caractéristiques de la programmation, et bien plus encore.

Pour l'agence de publicité, qui planifie et fait les transactions au nom du responsable du marketing de la marque, des systèmes disparates peuvent nuire à l'utilisation efficace et efficiente d'un budget publicitaire – souvent, cela n'est pas reconnu avant des mois après la fin de la campagne. Les grandes sociétés publicitaires offrent un large éventail de services et d'informations sur les marques, mais elles ont également du mal à regrouper et à intégrer ces données et ces activités dans un format standard.

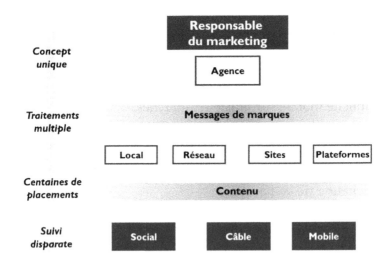

Figure 7 Une seule campagne de marque peut être difficile à suivre et à évaluer à cause des multiples traitements exécutés par des centaines ou des milliers de placements sur des plateformes disparates.

Pour le spécialiste du marketing de marque, il reste compliqué de mesurer les effets individuels et cumulatifs des dépenses de marketing sur les ventes. Il est difficile d'établir rapidement un rapport transmédia qui aligne correctement les informations relatives à la campagne et fournit une vue précise de l'activité.

Même une seule campagne pour une seule marque peut créer de nombreux problèmes de données.

Explosion des données

Promenez-vous dans n'importe quelle entreprise, et vous constaterez rapidement que tous les départements sont submergés par une explosion de nouvelles données à traiter et à analyser. Cette situation résulte d'une demande en constante évolution pour des connaissances plus fines provenant des canaux de distribution, de la variété croissante des plateformes médiatiques et d'un nombre presque infini d'appareils industriels et de consommation.

Les entreprises ont investi beaucoup en technologie et en ressources dans les systèmes d'analyse nécessaires à la production de rapports d'activité. De nombreux projets d'analyse se prolongent pendant des années, ne donnent qu'une fraction des résultats escomptés ou sont réduits, en grande partie à cause de la difficulté d'aligner des données disparates entre les systèmes. Pour tirer pleinement avantage des initiatives analytiques, vous devez accorder une importance égale ou supérieure à la gestion des données.

Les parties prenantes ont un niveau de confiance extrêmement faible dans l'intégrité et l'exactitude des données. Pour les entreprises mondiales, il s'agit d'une situation intenable où il est impossible de comprendre les fondamentaux de l'entreprise sans mobiliser des ressources humaines importantes pour rassembler manuellement les informations.

Le rôle des logiciels d'entreprise

Les logiciels d'entreprise reflètent les besoins qui existaient au moment de leur création. Prenons, par exemple, l'analogie entre la longévité d'une automobile et sa valeur : Si elle est correctement entretenue, la voiture peut fonctionner presque indéfiniment. Mais avec le temps, les besoins changent, et l'objectif fondamental du véhicule ne répond plus aux nouvelles exigences. La famille peut s'agrandir, le besoin de plus de confort peut augmenter, les priorités environnementales peuvent changer, ce qui entraîne l'acquisition d'un nouveau véhicule. Dans le monde de l'entreprise, il n'est pas rare que les sociétés utilisent des logiciels conçus à une époque où l'objectif et l'étendue des besoins étaient bien différents de ceux d'aujourd'hui.

De plus, il est courant que les différents départements et fonctions primaires d'une entreprise utilisent divers logiciels et méthodes manuelles pour suivre le cycle de vie des affaires d'une même entité. Par exemple, les entreprises utilisent des systèmes et des processus parallèles pour les finances, les ventes, l'exécution des commandes et l'expédition, sans qu'il y ait de vocabulaire standard ou d'alignement pour la gestion des affaires. Les intermédiaires, tels que les agences, les courtiers et les distributeurs, disposent d'applications autonomes pour la recherche, la planification, les achats, la production, le trafic, les finances, la gestion des clients et d'autres activités d'intendance. Les médias mettent en œuvre de multiples systèmes pour les représentants commerciaux, les relations agences-annonceurs, le trafic, la facturation et le placement créatif. Autour de ces systèmes centraux se trouvent de nombreux systèmes autonomes qui aident les départements à surmonter les limitations fonctionnelles. Cet arrangement aboutit généralement à des relations à sens unique qui entraînent encore plus de fragmentation des données et une utilisation limitée – et donc une faible valeur en termes d'apport de connaissances sur les opportunités, les risques et la rentabilité.

Bien que ces anciens systèmes puissent continuer à soutenir des charges de travail critiques, ils sont intrinsèquement inadaptés. Ces systèmes, conçus pour un objectif spécifique et limité, sont souvent construits avec une technologie qui limite les options d'extensibilité et de conformité aux exigences commerciales en constante évolution. Le problème le plus fondamental est peut-être que les dirigeants d'entreprise n'ont pas soutenu les normes de définition et de gestion des données et ne les ont pas transposées dans d'autres systèmes de l'entreprise. La plupart des grandes entreprises sont tenues captives par les limites de leurs systèmes technologiques hérités. Le moyen le plus commode de résoudre le problème est d'en construire un autre, ce qui entraîne une fragmentation croissante des données.

Déplacer le tout vers l'infonuagique ou un lac de données ne remplace pas le besoin sous-jacent de gestion des données. À certains égards, l'infonuagique peut simplement être considéré comme un lieu de stockage et d'accès aux données. C'est comme si on prenait tous ses effets personnels de la cave, du grenier et des placards, et les mettait dans un local de stockage loué. Étant dans un seul endroit, nos choses sont sans aucun doute plus accessibles, mais cela reste beaucoup de vieilleries non triées.

Manque d'harmonie organisationnelle

Dans l'ensemble de l'entreprise, les services utilisent différents systèmes patrimoniaux. Comme vous pouvez l'imaginer, des multiples vues de données différentes sur la même activité commerciale peuvent être une source importante de stress pour les contributeurs à un processus métier global. Combien de fois avez-vous été témoin d'une discussion entre deux employés qui ne parviennent pas à faire correspondre ce qu'ils voient dans leurs systèmes individuels? Toutes les disciplines ont leurs points de vue, et des tensions sont inévitables lorsque chacune d'elles part du principe que son point de vue est le seul correct.

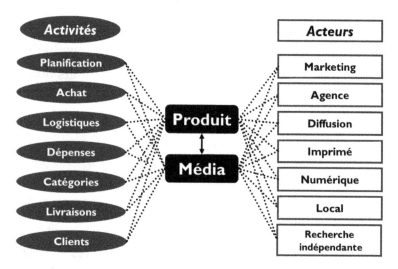

Figure 8 Des données différentes sur une même activité commerciale peuvent être une source de stress pour les acteurs de l'entreprise.

Toutes les entreprises sont confrontées à des défis extrêmes en matière de gestion des données et d'analyse. Au fil des années, nombre d'entre elles ont grandi grâce à des acquisitions d'entreprises et de marques. Ces entreprises acquises ou fusionnées peuvent s'aligner sur leur nouvelle société mère au niveau stratégique, mais rarement au niveau des données. Rares sont celles qui parviennent à faire la transition vers un ensemble unifié de données. L'incapacité à réaliser de nouvelles économies d'échelle et à étendre leur présence sur le marché est due, en partie, à un manque de gouvernance unifiée des données, ce qui entraîne la duplication des données maîtres, de référence et des métadonnées.

Au lieu de mettre en œuvre une solution systémique, les efforts individuels compensent souvent les disparités et les lacunes des données. Comme toute industrie évolue en termes d'informations et de complexité, il faut plus qu'un analyste pour résoudre les problèmes – vous devez également impliquer des niveaux plus élevés, comme le demandent les exigences de gouvernance et de conformité.

Ce changement prend du temps et nécessite une exécution réfléchie – ce qui est stressant pour toutes les personnes concernées. La direction, souvent à l'abri de l'effort administratif entrepris pour corriger les différences entre les silos organisationnels, peut exiger un équilibre entre les divers systèmes. Les erreurs peuvent faire boule de neige et entraîner des écarts considérables.

Impact des fournisseurs externes de données

Les fournisseurs tiers de recherche, de suivi, de données alternatives et d'analyse ne sont pas à l'abri de problèmes de gestion de données qui leur sont propres. Les fournisseurs de recherche distribuée mesurent l'exposition de l'auditoire au contenu médiatique, suivent le mouvement des produits, la dynamique d'achat et les dépenses publicitaires pour les messages de marque. Ils peuvent fournir des données sur les préférences d'achat, des mesures, des informations et des analyses. Comme leurs clients, ces fournisseurs maintiennent des services de marché ou de suivi distincts avec des nomenclatures multiples pour les marques, les types de relations et de médias.

Chaque nouveau fournisseur d'études de marché et de données alternatives s'accompagne d'un nouvel ensemble de taxonomies, de hiérarchies et de définitions géographiques. Il est rare qu'un nouveau service adopte une norme d'intégration avec ses clients. Il est encore plus rare qu'il existe un organisme centralisé qui aligne ce type de données sur une norme unifiée.

L'importance accrue accordée aux modèles de rémunération au rendement et aux modèles « *as-a-service* » suggère que, outre la demande d'une approche des mesures commerciales de base, il existe une réticence à payer les frais généraux d'un fournisseur de services pour l'agrégation des données et la production de rapports.

Les entreprises font continuellement pression sur les fournisseurs de données tiers pour qu'ils fournissent des analyses plus approfondies et plus détaillées afin d'obtenir des résultats commerciaux tangibles. Cependant, en raison de la disparité de leurs services, il est difficile pour ces fournisseurs de données de fournir des informations intégrées à leurs clients. L'insatisfaction augmente lorsque ces sources externes publient des définitions incohérentes et une intégration limitée. En outre, de nombreux fournisseurs d'études de marché mondiales se sont développés par le biais d'acquisitions, ce qui représente un autre niveau de difficulté.

Une exception notable est le programme de partenariat Nielsen Connected. Les fournisseurs d'études partenaires alignent leurs données sur les dimensions du produit et du lieu afin de faciliter l'intégration pour les utilisateurs finaux. La structure de la dimension géographique est basée sur le service TDLinx que j'ai mis sur le marché il y a près de 25 ans. Il est réconfortant de savoir que mon travail de pionnier est toujours aussi pertinent.

Absence de normes de gestion des données

À l'heure où les entreprises, tout au long de la chaîne de valeur, ont surtout besoin de gérer et de comprendre leur activité de manière holistique pour se développer, on constate un manque de normes de référence sectorielles pour l'enregistrement et la gestion des données. Sans l'avantage de données maîtres partagées comme résultat tangible de la gestion des données, les développeurs de solutions logicielles ont créé des systèmes d'entreprise avec leurs propres définitions de données ou des définitions qui leur ont été fournies pour répondre à des critères départementaux. Par exemple, un système peut ne pas avoir incorporé de contrôles de gouvernance pour réduire la duplication des registres basée sur des conventions de dénomination incohérentes. En conséquence, les informations et les données produites par ces systèmes peuvent fournir de précieux détails mais ne peuvent pas synthétiser avec précision les activités, même pour une seule entité.

Ce manque de données standardisées est une entrave majeure pour ceux qui ont investi, et continuent de dépenser, des ressources substantielles dans des initiatives informatiques visant à créer des solutions intégrées de distribution, de marketing et de gestion. Les grands projets tels que les progiciels de gestion intégrés (ERP), la gestion de la relation client (CRM), les systèmes de marketing, les systèmes transactionnels des médias et de la production, les plates-formes de synchronisation des activités et les domaines en développement des plates-formes de données clients (CDP) et des systèmes de gestion de contenu (CMS) offrent de grands avantages stratégiques. Dans toutes les entreprises, il existe un conflit constant entre la mise en œuvre de nouveaux systèmes d'entreprise et l'ancrage d'applications anciennes et personnalisées établies de longue date. Un sous-produit malheureux de la mise en œuvre de nombreux systèmes est la création d'un autre silo de données.

Ces multiples systèmes et processus distincts créent des données disparates et des hiérarchies contradictoires. Il en résulte un manque d'intégration et des rapports erronés, des objectifs mal alignés entre les partenaires, des difficultés à déterminer le retour sur investissement, une confiance réduite dans la qualité des données et une dissonance générale sur le marché.

Le problème « hors des murs »

En dehors des murs de votre organisation, les échanges commerciaux entre entreprises ajoutent encore plus de complications. Les points de vue exclusifs sont répandus non seulement au sein des entreprises elles-mêmes, mais aussi entre les partenaires. Ce manque d'harmonisation aggrave le problème, car chaque partie conserve des définitions incongrues et des hiérarchies contradictoires. Il existe de nombreuses possibilités de réduire le coût des échanges entre partenaires. Pourtant, sans un effort concerté pour mettre en place des pratiques de gestion des données standard, le cycle de vie contractuel et les interactions continueront d'être redondants, laborieux et sujets à des erreurs.

Tout cela est symptomatique de forces importantes et invalidantes qui contribuent fondamentalement à la non-réalisation de nombreuses visions. Les fondations peuvent difficilement soutenir l'entreprise dans l'environnement actuel, et encore moins fournir une plate-forme pour les initiatives futures. Il devrait devenir évident qu'une stratégie d'entreprise efficace dépend d'un programme de gestion des données solide.

****

D'autres peuvent vous aider en matière de changement de culture et de structure organisationnelle. Mais sans une compréhension commune du problème de la gestion des données et une description claire de la solution, les cultures ne changent pas et les organisations sont dysfonctionnelles.

Compte tenu de l'énorme croissance des plateformes et de l'explosion des sources de données, les entreprises et leurs partenaires ne peuvent pas gérer leurs activités de manière rentable et efficace sans un programme de gestion des données durable. Le marché, les relations et les perspectives de croissance futures continueront de souffrir de processus manuels, ad hoc et non intégrés qui gaspillent les ressources et entravent la mise en œuvre et l'efficacité.

Un programme de gestion des données bien planifié et exécuté au sein de chaque entreprise renforce toutes les parties de la chaîne de valeur : clients, fournisseurs, distributeurs ainsi que les prestataires de recherche et de services tiers qui les soutiennent. La gestion des données peut toucher et améliorer chaque transaction, plan, analyse et budget. À l'inverse, les organisations qui ne disposent pas d'une gestion des données risquent de poursuivre une spirale toujours plus profonde de processus métier cloisonnés, séparés et rigides.

La clé pour exploiter de manière cohérente la valeur des données est d'établir et de définir un programme de gestion des données. Avec le soutien adéquat de la direction, ce programme de gestion des données peut mener votre organisation sur la voie d'un réseau synchronisé et fonctionnel de meilleures données. Le programme de gestion des données garantit une solution technologique pour l'établissement et l'application de normes internes, une taxonomie d'entreprise qui soutient la connectivité et le respect des données communes dans tous les systèmes.

CHAPITRE 4

Encadrer votre
histoire de données

Dans ce chapitre, je vous propose quelques idées simples, accessibles aux entreprises, que vous pouvez utiliser pour construire votre histoire. Il ne s'agit pas de cadres opérationnels ou de modèles de maturité de consultants, mais d'approches conversationnelles testées sur le terrain pour aider à articuler les objectifs et les défis auxquels chaque entreprise est confrontée en matière de données.

Ces idées sont :

- Les 3 phases de la transformation numérique;
- Les 4 C de la structure des données;
- Les 8'er de l'utilisation des données.

À mesure que vous les lisez, réfléchissez à la façon dont elles pourraient s'appliquer à votre entreprise. Dans quelle phase de transformation numérique vous trouvez-vous? Les 4 C s'appliquent-ils à la structure de données que vous avez pour vos relations et vos marques? J'ai découvert que chaque façon dont une entreprise utilise les données est couverte par les 8'er. Cela vous semble-t-il familier? Y en a-t-il d'autres? Je n'en ai pas trouvé.

Les données et la transformation numérique

La transformation numérique est un sujet brûlant pour les entreprises modernes. La transformation numérique peut avoir des significations différentes selon les personnes. Pourtant, il y a une chose qu'elle signifie pour tous : vous avez plus de données que jamais auparavant, et vous devez trouver de nouvelles façons de les gérer auxquelles vous n'aviez jamais pensé auparavant, afin de pouvoir faire des choses dont vous n'aviez jamais rêvé auparavant.

Il existe des motivations politiques et culturelles plus larges inhérentes à la transformation numérique. Pourtant, la nature de la création, de la gestion, de la conservation et de l'intégration des données déterminera le succès ou l'échec de chaque initiative. Certaines entreprises se transformeront et offriront une augmentation stupéfiante de la valeur sur de nouveaux marchés, tandis que d'autres se retrouveront isolées face à la possibilité d'extinction. À l'avenir, la manière dont vous gérerez, maîtriserez et structurerez vos données déterminera si vous serez propulsé ou dévoré par la transformation numérique.

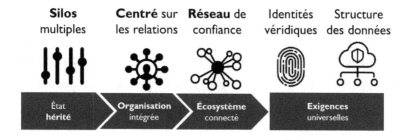

Figure 9 Les trois phases de la transformation numérique.

Ceux qui parviendront à tirer parti de ces avancées à grande échelle prospéreront. Leur succès engendrera des innovations majeures, des niveaux d'expérience client et une valeur commerciale sans précédent. Ceux qui ne parviendront pas à exploiter ces nouvelles idées risquent de se retrouver coincés dans un bourbier d'inefficacité et d'inadaptation soudaine au marché qui les mènera finalement à leur perte. La seule constante dans toutes ces perturbations est la donnée.

La transformation numérique est une combinaison de personnes, de technologies, de processus et de données. En tant que professionnel des données, vous devez comprendre et expliquer pourquoi *la gestion des données est le fondement de la transformation numérique*. Il existe un besoin commun de gestion des données dans toutes les entreprises qui s'engagent dans cette transformation.

Les entreprises ont tendance à suivre un chemin similaire dans leur parcours de transformation numérique, passant d'un état hérité de *multiples silos* à une entreprise intégrée qui adopte une approche *centrée sur les relations*, puis à un écosystème connecté dans un *réseau de confiance*. La terminologie utilisée pour chacune de ces phases peut varier selon le domaine – le passage d'une étape à l'autre peut présenter des défis très différents. Cependant, le parcours typique suit ces trois phases communes.

- **Phase 1**. Reconnaître l'héritage des SILOS MULTIPLES. Les ventes, le marketing, les finances, les opérations et les autres systèmes ne sont pas connectés efficacement au niveau des données.

- **Phase 2**. Atteindre la CENTRALITÉ DES RELATIONS dans une ENTREPRISE INTÉGRÉE. Ces étapes holistiques sont nécessaires pour placer les relations d'affaires au centre – à la fois stratégique et systématique – de l'activité de l'entreprise.

- **Phase 3**. S'engager dans des RÉSEAUX DE CONFIANCE à travers des ÉCOSYSTÈMES CONNECTÉS. Consortiums de partage de données, plates-formes de partenaires de distribution, libre-service pour les clients du commerce électronique, programmes d'intégration des fournisseurs et dépendance à l'égard des identifiants/normes de l'industrie verticale.

Phase 1 – Un héritage constitué de multiples silos

Alors que les entreprises s'efforcent d'innover et de progresser, elles continuent de se complexifier et de favoriser la fragmentation. L'explosion des logiciels basées sur les fonctions (ERP, CRM, CDP, FinTech, MarTech, AdTech, etc.) offre une flexibilité sans précédent, mais chaque nouvelle application est un nouveau silo. Dans chaque silo, il est possible de créer une autre version des mêmes données. Des départements, régions, canaux et marchés distincts créent des données distinctes.

La mondialisation, les fusions et les acquisitions tendent à accroître ces obstacles opérationnels et à entraver l'évolution. Les types de relations vitales (tels que client, fournisseur, et partenaire), ainsi que les entités essentielles de la marque (telles que produit, service et offre), ont souvent des définitions différentes dans les différentes parties d'une même organisation.

Par exemple, le CRM utilisé par une équipe de vente locale peut définir un client en tant que site individuel. Parallèlement, le service financier mondial peut considérer la hiérarchie complète de ce même client comme une entité unique. Les deux interprétations peuvent être correctes dans leur contexte respectif mais semblent inexactes et non pertinentes l'une pour l'autre, et dans la plupart des cas, elles ne sont pas synchronisées. Imaginez la frustration de ce client dont l'expérience est affectée par ce manque de synchronisation. Deux vendeurs l'appellent en même temps. Ou encore, ses prix et son statut de crédit ne sont pas constant. Vous gaspillez le temps de vos conseillers clientèle à expliquer les résultats de mauvaises données au lieu d'améliorer l'expérience du client.

Cet héritage constitue un frein à toutes les initiatives axés sur les données. Une excellente preuve de concept conçue dans un silo risque de ne pas pouvoir être généralisée. La frustration s'installe alors que différents départements ont des vues limitées et inexactes des relations et des marques.

Les réputations externes souffrent lorsque l'entreprise ne peut pas fournir, réagir, interpréter ou même déterminer une vue globale sur une relation spécifique. Un client de longue date est traité par erreur comme un nouveau potentiel. Un client insolvable profite soudainement de conditions auxquelles il n'a pas droit. Des produits ne sont pas en stock et les livraisons sont retardées. Les dirigeants sont déconcertés par les différences entre les indicateurs.

La plupart des entreprises se trouvent dans une forme ou une autre de cet état patrimonial. Cela ne signifie pas qu'elles ne disposent pas de technologies et d'infrastructures modernes. Cela signifie simplement qu'elles n'ont pas adopté les mesures globales nécessaires pour placer les relations et les marques au centre de leurs processus, tant sur le plan stratégique que systématique. Pour sortir de cet état, vous devez établir une base commune à tous ces silos.

Phase 2 – Établir une gestion centrée sur les relations dans une organisation intégrée

Les relations sont à la base de toute activité commerciale. Bien que de nombreuses organisations pensent être « centrées sur le client », leurs données peuvent difficilement soutenir cette notion. Demandez-vous : *vos systèmes savent-ils ce que vos gens savent?* Pour créer des expériences innovantes qui sont au cœur de la transformation numérique, les entreprises doivent d'abord adopter une approche *centrée sur les relations*. Lorsqu'elle repose sur des définitions standard, la centricité des relations est une vue consolidée de vos relations dans toute l'entreprise. Une approche familière consiste à créer une vue à 360 degrés du client, du vendeur, du fournisseur ou du partenaire, ainsi que du produit, de la marque et du service.

Les efforts de conformité tels que KYC (*Know Your Customer*), RGDP (Règlement Général sur la Protection des Données), et CCPA (*California Consumer Protection Act*) font partie de la liste croissante des réglementations sur la confidentialité et la sécurité des données. Celles-ci approfondissent les exigences d'une vue et d'une définition cohérentes et partagées de chaque relation unique. Les activités de développement telles que la vente croisée et la vente incitative, ainsi que la base des programmes de marketing basé sur les comptes, reposent sur une définition stable et partagée du « compte ». Cette idée de l'entreprise intégrée, qui consiste à être centré sur les relations, n'est possible qu'en établissant et en régissant une version commune de la vérité sur ces relations.

Cela ne signifie pas que tout le monde doit avoir accès à tout, tout le temps. Ce n'est ni pratique ni nécessaire. Mais cela signifie que les données relatives aux relations et aux marques doivent être fiables pour l'organisation. Les définitions, les hiérarchies, les taxonomies et autres éléments structurels fondamentaux ne peuvent plus faire l'objet d'un débat permanent. Même si les services financiers et juridiques peuvent avoir besoin d'une vision différente d'une relation par rapport aux ventes et au marketing, ces deux visions doivent être synchronisées. La capacité à désassembler et à réassembler ces vues pour servir chaque groupe d'intérêt est essentielle.

Cela est particulièrement important lorsqu'on exploite les technologies et les méthodes utilisées par l'analytique avancée. Les experts en science des données, les analystes de données, les opérateurs et les autres consommateurs de données devraient consacrer leur temps à utiliser, comprendre et exploiter les données au lieu de douter de leur origine et de leur intégrité.

Phase 3 – S'engager dans des réseaux de confiance grâce à des écosystèmes connectés

Une fois que la centralité des relations est adoptée et devient stable au sein de votre entreprise, vous devez vous tourner vers l'extérieur et adhérer à une forme de réseau de confiance. Un réseau de confiance est la manière dont vous vous engagez, interagissez et communiquez de manière transparente avec les différentes entités de votre chaîne de valeur. L'utilisation des mêmes données et définitions standardisées, ou de liens vers les mêmes données et définitions faisant autorité, dans tous les secteurs verticaux et sur tous les marchés, constitue la base d'une intégration transparente.

Cela peut se manifester dans les plates-formes de partenaires de distribution, le commerce électronique, le libre-service pour les clients, les systèmes de recrutement des fournisseurs, les identifiants et standards industriels verticaux, tels que l'UPC (code universel des produits), le GTIN (numéro d'identification du commerce mondial), l'Ad-ID (identifiant publicitaire) et le LEI (identifiant d'entité juridique). Lorsque vous transformez votre modèle économique en passant de la vente d'un gadget tangible à la concession d'une licence sur la valeur de ce gadget par le biais d'un abonnement en tant que service, vous établissez un nouveau type de réseau de confiance.

Les écosystèmes ne peuvent atteindre leur plein potentiel que s'ils sont fondés sur la précision et la confiance. Dans de nombreux cas, nos relations d'affaires sont basées sur des sentiments personnels. La bonne foi peut rapidement tourner au vinaigre si les données qui soutiennent cette relation sont inexactes, périmées et non structurées. L'exploitation de données communes et de processus syndiqués entre parties externes permet de faire évoluer l'interopérabilité dans un réseau de confiance.

Exigences universelles pour la transformation numérique

Dans une organisation transformée par le numérique, les données circulent de manière transparente d'un flux de travail à l'autre et entre partenaires externes. Les organisations passent des silos hérités à une approche centrée sur les relations, puis à un réseau de confiance. Les utilisateurs ont confiance dans les analyses et peuvent ainsi travailler à améliorer l'expérience du client plutôt que de remettre en question les données.

Puisque la transformation numérique fonctionne grâce aux données, la gestion adéquate des divers types et de la quantité de ces données aura un impact direct sur la capacité d'une organisation à réussir ou même survivre. La création d'un protocole commun au niveau de la couche sémantique pour les entités de relation et de marque permet de rentabiliser beaucoup plus rapidement les initiatives de gestion et d'interopérabilité des données. Le contenu normalisé et géré par des experts en matière de données maîtres, de référence et de métadonnées peut s'intégrer de manière transparente à l'interne entre les méthodologies, les processus, les flux de travail, les applications et les plateformes, ainsi qu'à l'externe entre les entreprises, les chaînes de valeur et les écosystèmes de marché. Il s'agit du langage commun pour les clients, les fournisseurs, les partenaires, les marques, les produits, les services, les actifs et les offres.

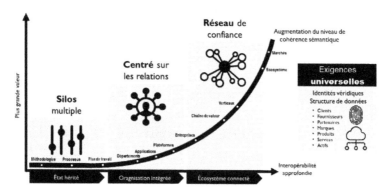

Figure 10 L'augmentation des niveaux de cohérence sémantique permet de franchir les phases de la transformation numérique.

Les exigences cohérentes et universelles pour progresser tout au long de ce parcours en trois phases sont l'identité véridique et une structure de données commune. L'obtention d'une cohérence sémantique grâce à la gestion des données permet une intégration plus rapide et une interopérabilité plus profonde à des niveaux toujours plus élevés. Il s'agit d'une proposition de valeur pertinente pour toutes les entreprises commerciales, éducatives et gouvernementales.

État hérité	Organisation intégrée	Écosystème connecté
Systèmes distincts	Vue 360° de X	Normes du vertical
Données disparates	Enregistrement maître	Marques globales
Définitions divergentes	Version partagée de la vérité	Commerce connecté
Absence de normes	Identités véridiques	Commerce automatisé
Obstacles aux opérations	Globalisation et acquisition	Journaux immuables
Incapable de croître	Marketing par comptes stratégiques (ABM)	Internet des objets
Perturbation des activités	IA et apprentissage machine	4e révolution industrielle
SILOS MULTIPLE	**CENTRÉ SUR LES RELATIONS**	**RÉSEAU DE CONFIANCE**

Figure 11 Priorités et caractéristiques critiques pour la mission.

L'histoire des données structurées – Les 4 C

Les responsables de la gestion des données doivent avoir une gouvernance et une expertise sur les données commerciales qui sont communes à toute la chaîne de valeur. Des activités apparemment tactiques, telles que la normalisation des conventions de dénomination, l'application de clés et de codes d'identification cohérents et la correction des répartitions hiérarchiques, constituent les éléments fondamentaux pour la réalisation d'un programme de gestion des données réussi. La pratique de la gestion des données est le point central de gestion et de contrôle d'une nomenclature d'entreprise unifiée.

Pour trouver la valeur que les données ont à offrir, elles doivent être structurées. Elles doivent s'aligner sur des sources disparates afin que vous puissiez extraire et distiller les informations les plus utiles et les plus pertinentes. C'est ce qui fait la différence entre un flot d'informations non structurées et disparates et une source de données normalisée et structurée à laquelle chacun peut se fier. Ce qui rend les mégadonnées « énormes », c'est leur manque de structure. La plupart, si ce n'est la totalité, des rapports de gestion et d'activité harmonisés proviennent de données structurées.

Les données structurées travaillent plus dur que les données non structurées.

L'application de la structure est difficile et prend du temps. Elle peut donner lieu à des débats sur la *structure* de la structure elle-même. Cela signifie que vous devez effectuer un travail laborieux pour définir et obtenir un consensus sur des termes importants tels que *client, marque* et *marché*. Mais sans ces éléments de base, le reste n'est qu'un fouillis.

Les données structurées sous forme de données maîtres, de référence et de métadonnées sont les données les plus importantes de toute organisation. Ce sont les données en charge de votre entreprise. Y a-t-il quelque chose de plus important dans votre entreprise que vos relations et vos marques? Non. Il est donc logique que les données des relations et des marques soient les plus importantes.

Toutes les autres données *concernent* les données structurées. Tant que vous n'aurez pas défini la structure de base, établi les définitions communes et mis en place les processus nécessaires pour les gérer, vous serez ballotté dans une mer de données disparates. La structure de vos données, ou leur absence, est à l'origine de nombreux problèmes de compte-rendu et d'analyse. Les plaintes habituelles concernant les données sont les suivantes :

- Où est la liste des meilleurs clients?
- Cette hiérarchie est erronée.
- Regardez tous ces doublons!
- Ces produits sont manquants.
- Qu'entendons-nous par ce marché?

Certains analystes de données peuvent ne pas être d'accord et penser que les données non structurées et semi-structurées sont les plus intéressantes. Les données non structurées sont très prometteuses en termes d'analyse, de compréhension et de valeur, mais votre entreprise a d'abord besoin de données structurées. Une compagnie d'assurance qui est inondée de photos d'accidents prises par des téléphones portables doit disposer de processus d'intelligence artificielle pour interpréter ces données non structurées. Si leur algorithme d'apprentissage automatique ne reconnait pas un parechoc avant gauche pour ce qu'il est, le service ne sera pas précis.

C'est en structurant les données non structurées que l'on crée de la valeur. Mais avant de pouvoir faire les choses cool, vous devez effectuer ce travail difficile. Comme Pink Floyd (et nos mères) nous le rappelle : *vous ne pouvez pas avoir votre dessert si vous ne mangez pas votre viande.* Les données structurées, c'est de la viande. Malgré toute la clameur et la célébration des données non structurées et semi-structurées, l'essentiel reste l'essentiel. Pendant que les experts en science des données font tourner leurs graphiques et cherchent des aiguilles analytiques dans leur botte de foin de mégadonnées, l'entreprise a besoin de réponses. Des réponses à des questions telles que :

- Combien de clients avons-nous?
- Les ventes sont-elles en hausse?
- Avons-nous augmenté notre part de marché?
- Quels médias employons-nous?
- Quels partenaires sont les plus efficaces?

Si les données structurées concernant vos relations et vos marques sont le point de départ, où commencez-vous? Comment structurez-vous ces relations? Par où commencez-vous à codifier ces relations? Et surtout, dans le contexte de votre histoire de données, pouvez-vous convaincre vos partenaires de prendre cela au sérieux?

Revenons aux données sur les relations et les marques. Elles sont le plus souvent organisées par segmentation, alignées par hiérarchie et visualisées par géographie. Un concept simple pour décrire la structure de base nécessaire pour vos données de relations et de marques sont les 4 C : Code, Compagnie, Catégorie et Comté.

- Un CODE vous permet de savoir que cette chose est unique;
- Une COMPAGNIE vous permet de savoir à qui elle appartient;
- Une CATEGORIE vous permet de savoir de quel type de chose il s'agit;
- Un COMTÉ vous permet de savoir où elle se trouve.

Code – Est-il unique?

Chaque enregistrement concernant une relation et une marque dans une base de données possède un code, quelque part. Vous avez besoin d'une forme d'identifiant unique – un code client, un identifiant d'enregistrement, un code produit. *J'ai un code, donc, je suis* dans une base de données. Une fois qu'un code est inscrit sur un enregistrement, il « existe » dans cette base de données. Vous avez besoin d'un code pour vous assurer qu'il est unique. Mais comme chaque système a son propre ensemble de codes, vous en avez probablement plusieurs dans vos multiples processus, départements et régions.

Vous pouvez avoir des problèmes avec des doublons de codes ou deux codes différents sur la même entité. Par exemple, un *enregistrement de vente* et un *enregistrement de facturation* pour le même client peuvent exister dans deux systèmes différents. Relier ces codes ou décider lequel remplacer par l'autre est un aspect essentiel de la gouvernance des données. Relier ces codes entre eux est le chemin le plus court vers une version complète et standard de cette relation. Il existe de nombreuses techniques sur le rapprochement, la mise en correspondance, la dédoublement, la gestion des survivants, etc. pour résoudre ce problème. Mais les dirigeants ne comprennent peut-être même pas pourquoi il existe un code en premier lieu.

Il n'y a rien d'unique dans un identifiant unique

Certains fournisseurs de données pensent que LEUR code est tout ce dont vous aurez besoin. Cela n'est jamais vrai. Vous aurez toujours besoin d'un code interne pour votre système et vos flux de travail. L'identification d'une entité est quelque chose que vous devez vous approprier dans le cadre de votre programme de gouvernance des données. Vous pouvez sans aucun doute valider et enrichir les données des relations ou des marques avec des données tierces. Néanmoins, il est dangereux de croire qu'une compagnie externe se préoccupe davantage de vos données que vous.

Exemple d'identifiants uniques pour Coca-Cola		
Type	**Source**	**Code**
UPC	GSI	049000
Ticker	NYSE	KO
CUSIP	S&P	191098102
PermID	Refinitiv	4295903091
LEI	GLEIF	UWJKFUJFZ02DKWI3RY53
DUNS	D&B	003296175
Factual ID	Factual	d6c31c17-bf79-47ad-9d45-8bacaac6dc45
Tax ID	IRS	580503352
Open FIGI	Bloomberg	BBG000FBVT91
Ad-ID	4As/ANA	LP

Figure 12 Comme on dit, la beauté des normes, c'est qu'il y a tellement de choix possibles.

De nombreux organismes de normalisation exigent un code particulier pour identifier les entités dans les transactions, quel que soit votre code interne. Il existe des sous-ensembles d'écosystèmes qui identifient les entités entre elles à l'aide de codes standard ou syndiqués. CDQ (Corporate Data Quality), une communauté de partage de données d'entreprise basée en Suisse, recense plus de 400 identifiants uniques officiels, juridiques, gouvernementaux et financiers. Malheureusement, il n'existe pas d'identifiant unique universellement accepté qui fonctionne globalement dans tous les systèmes. Je n'ai pas encore trouvé de service ou de source fiable capable de gérer les importants défis d'interopérabilité et d'intégration que cela représente.

Compagnie – Qui en est propriétaire?

Vous devez savoir à qui appartient une entité par le biais d'une structure hiérarchique, souvent appelée relation parent/enfant ou arbre généalogique. Une hiérarchie comporte plusieurs niveaux, depuis la succursale locale, les divisions, les filiales, jusqu'à un parent ultime. Les notions de « *facturer à* », « *expédier à* », « *planifier pour* » et « *vendre à* » font toutes partie de la hiérarchie. Plus la relation est grande, plus la hiérarchie est complexe.

Vous engagez-vous auprès de toutes les divisions ou branches pertinentes d'une organisation globale? Avez-vous déjà une relation avec cette organisation? Est-elle liée à quelque chose qui augmente votre risque? Y a-t-il des conditions commerciales que vous appliqueriez en raison de cette hiérarchie? De simples activités de vente croisée ou de vente incitative sont impossibles si vous ne conservez pas la hiérarchie complète d'une organisation.

De même, les marques et les produits ont une hiérarchie. Un produit peut être une variante d'une marque, qui fait partie d'une franchise plus large. Pensez à *Coke, Coke diète,* et *Coke diète cerise-vanille sans caféine.* Ce sont toutes des parties de la même franchise de marque mère de Coca-Cola. Certains produits peuvent avoir un nom de marque différent selon le pays, mais appartiennent toujours à la même marque mère. Par exemple, le *Diet Coke* aux États-Unis est connu sous le nom de *Coke-Lite* en Europe.

Différentes hiérarchies peuvent coexister au sein d'une entreprise : juridique, financière, commerciale, opérationnelle, marketing. Chaque entreprise doit trouver un moyen de créer une vue commerciale globale afin de regrouper de manière cohérente l'ensemble de ses activités avec ses relations les plus importantes. Pensez à la rencontre entre PDG un midi, ceux-ci veulent avoir une idée de l'ensemble de la relation avec leur interlocuteur. Malheureusement, il n'existe pas de moyen facile pour créer ces vues.

La plupart des rapports de gestion comportent une certaine forme de hiérarchie. Mettez de l'ordre dans ces définitions standard, éliminez les vues superflues, et vous vous rapprocherez de la clarté dont vous avez besoin. Contestez la demande de trop de hiérarchies particulières ou de vues exclusives utilisées par un seul service ou département. Mais la première étape consiste à faire comprendre à l'entreprise que la hiérarchie est essentielle.

Catégorie – Quel type est-ce?

Vous devez savoir à quel *type* d'entité vous avez affaire, surtout si vous n'avez pas beaucoup de relations avec elle. Les catégories définissent la part de marché, le marché total disponible, permettent la segmentation et constituent le dénominateur de l'analyse de pénétration. Les attributs des catégories déterminent le ciblage. Vous essayez de trouver des clients potentiels en fonction de l'industrie, du segment ou du sous-segment.

Nous avons du succès avec ce type d'entreprise.
Je dois trouver d'autres entreprises de ce type.

De nombreuses entreprises déploient leurs efforts de vente et de marketing par type d'industrie ou par segment vertical. Si la catégorisation est faible, confuse ou absente, ces efforts de vente et de marketing sont au mieux sous-optimisés et, au pire, complètement gaspillés.

Les attributs de la catégorie déterminent l'approvision-nement et la recherche de fournisseurs. Vous voulez des fournisseurs potentiels en fonction de l'industrie, du segment ou du sous-segment. Il est essentiel de s'appuyer sur une structure de catégorie standardisée lorsque cela est possible et pratique. La catégorisation est essentielle lorsqu'il s'agit de rassembler différentes relations ou marques dans une vue commune et plus large. Il existe souvent des schémas de classification standard et des définitions communes par industrie. Certains sont meilleurs que d'autres, mais ils soutiennent tous l'idée que vous devez déterminer un type d'entité. Les catégories présentent une granularité et des nuances considérables : types et sous-types, canaux et sous-canaux, segments et sous-segments, genres et sous-genres.

La structure de vos catégories dépendra entièrement des besoins de votre entreprise. Certaines industries ont des exigences de catégorisation rigoureuses basées sur des normes industrielles acceptées. Certains fabricants ont dix, voire quinze niveaux de catégorisation qu'ils utilisent pour l'analyse et la planification internes. D'autres peuvent n'en avoir que trois. Plus le niveau de la catégorie est élevé, plus il est facile de la définir. Vous vous souvenez du jeu de devinettes des enfants : animal, végétal, minéral? Tout commence par des regroupements de haut niveau. La manière dont vous structurez et les normes que vous utilisez pour votre catégorisation dépendent de vous et de vos parties prenantes. Mais vous devez avoir une catégorie pour savoir quel type d'entité vous avez. Les gens peuvent jouer à toutes sortes de jeux avec les catégories. Ils créent des rapports et des analyses trompeurs pour suggérer que « *nous* sommes numéro un dans notre catégorie, que nous définissons comme étant *nous*, suivis de tous ceux qui sont plus petits que *nous* ».

« *Autre* » est presque toujours dans le « Top 10 »

Regardez au bas de vos rapports. Si vous creusez assez profondément, vous trouverez probablement une catégorie que vous avez appelée *Autre*. Si vous n'êtes pas vigilant, elle pourrait devenir l'un de vos segments à la croissance la plus rapide. Ma catégorie préférée est *Autre/Autre*.

Lorsque l'on demande pourquoi une base de données comporte la mention *Autre/Autre*, c'est généralement parce que les utilisateurs ont du mal à épeler *Divers*[8]! Vous trouverez souvent *NULL, N/D, absent,* et divers types de données de remplissage dans le champ catégorie. J'ai vu une fois la valeur d'attribut SP. Lorsqu'on leur a demandé ce que cela signifiait, ils ont répondu « *sais pas* ».

Comté – Où est-ce?

En suivant notre analogie avec les C, vous avez également besoin d'un *comté* et d'une forme de géographie. La géographie a également une hiérarchie : région, province, ville, code postal. Le marché des médias, le marché des ventes et le marché des mesures sont des configurations différentes de la géographie en fonction de vos besoins. Comme une catégorie, la géographie détermine les affectations de vente et les placements médias. C'est le marché dans « part de marché ». Mais se mettre d'accord sur une définition standard du marché dissipera beaucoup de confusion entre les départements lorsque vous demanderez simplement : « Quelle est notre situation dans le New York métropolitain, dans tous les marchés principaux ou dans l'EMOA? ».

---

[8] NdT: « *Miscellaneous* » dans le texte original.

Les 4 C éliminent plusieurs problèmes de données

Imaginez à quel point vos données circuleraient bien si vous aviez des enregistrements uniques (code), que chacun d'entre eux possède une hiérarchie complète et actualisée (compagnie), une segmentation définie (catégorie) et des informations géographiques cohérentes (comté). Cela crée un langage commun entre les départements sur des éléments simples mais vitaux de vos relations commerciales. OÙ se trouve cette entité, ce qu'elle EST. QUI en est le propriétaire et qu'elle est UNIQUE.

Les 4 C sont également la base de votre vocabulaire commercial essentiel. J'aborderai l'importance du vocabulaire dans un chapitre ultérieur. Les 4 C représentent les personnages de votre histoire de données : *Entités, Hiérarchies, Segments* et *Géographies*. Selon la dynamique de votre entreprise, vous pouvez les appeler :

- Point de vente, compte, canal, marché;
- Article, fournisseur, secteur, région;
- Produit, marque, segment, marché;
- Matière, client, type, bureau;
- Consommateur, ménage, démographie, zone métropolitaine.

Si vous pouvez déterminer avec certitude où se trouve une chose, de quel type il s'agit, à qui elle appartient et si elle est véritablement unique, vous pouvez plus facilement gérer vos relations dans l'ensemble de l'entreprise.

Une fois que les données relatives à vos relations et à vos marques sont structurées et normalisées, elles peuvent s'harmoniser et s'intégrer plus facilement dans vos processus, méthodologies et flux de travail entre vos systèmes, régions et départements, ainsi qu'à l'extérieur au sein d'un écosystème.

CODE	COMPAGNIE	CATÉGORIE	COMTÉ
Entité	Hiérarchie	Secteur	Géographie
Point de vente	Compte	Canal	Région
Produit	Marque	Segment	Marché
Chose	Parent	Type	Place
Unique	Qui	Quoi	Où

Figure 13 Les 4 C peuvent porter des noms différents selon votre secteur d'activité.

Alors que vous essayez d'obtenir une vision holistique de vos relations et d'anticiper vos besoins futurs, l'application de ces 4 C vous permettra d'atteindre plus rapidement vos objectifs en matière de données. Vous obtiendrez également la structure et l'évolutivité requises pour votre cheminement vers les données d'entreprise. Toutes sortes de problèmes liés aux données disparaissent. Pensez à tous les projets de données et aux efforts d'analyse qui dépendent de l'unicité des entités, de hiérarchies standardisées, d'une segmentation cohérente et de géographies précises. Les experts en science des données perdent du temps à dédoubler les entités, à déterminer les hiérarchies et à essayer de concilier les segmentations et les géographies. Ils appellent cela du bidouillage et du triturage.

Combien de décisions exécutives sont prises sur la base du nombre de clients, des arborescences organisationnelles, du ciblage des clients potentiels et de la couverture du marché? Nombre de vos efforts en matière de données reposeront sur la désambiguïsation, les hiérarchies, la segmentation et les géographies. La vérification des identités et la détermination de l'unicité disparaissent avec la gestion cohérente des identifiants.

Prenons un petit moment zen et réfléchissons à la clarté potentielle que cela apporte à vos données.

Respirez profondément. Plus j'y pense, mieux je me sens.

L'histoire de l'utilisation des données – 8'er

Lorsque vous devez décrire pourquoi vous utilisez des données dans votre entreprise, il peut être utile de l'expliquer à l'aide de quelques principes généraux. Voici une série de cas d'utilisation, de notions, d'idées, de réflexions et d'approches qui englobent presque tout ce qu'une entreprise peut vouloir faire avec des données. On pourrait penser qu'il y en a des centaines, mais je les ai ramenés à huit concepts spécifiques appelés les 8'er. Oui, vous trouverez peut-être un cas limite ici et là. Il y a toujours des exceptions. Mais la plupart de ce que vous faites avec la plupart de vos données, la plupart du temps, pour obtenir la plupart des avantages, est couvert par ces huit activités :

1. Associer;

2. Valider;

3. Intégrer;

4. Agréger;

5. Partager;

6. Évaluer;

7. Communiquer;

8. Diffuser.

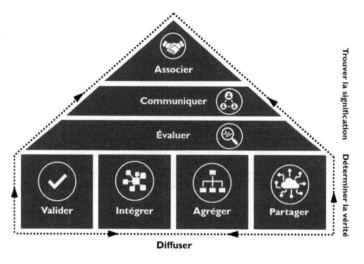

Figure 14 Les 8'er – Toutes les façons dont les entreprises utilisent les données.

1. Associer – Établir des relations

Comment les données enrichissent-elles mes relations avec les clients, les vendeurs et les partenaires?

D'abord on trouve la notion d'ASSOCIER. Tout le monde veut établir des relations. C'est ce que font toutes les organisations. Vous voulez développer vos relations. Vous voulez améliorer vos relations. Vous voulez atténuer le risque de certaines relations. Vous voulez rester en conformité avec les réglementations concernant certains types de relations. Vous devez être en mesure de prendre soin de ces relations. Comment construire une relation avec vos clients, fournisseurs et partenaires à travers vos marques, produits et services? Vous voulez disposer de toutes ces merveilleuses données sur vos relations pour alimenter votre organisation. Si vous n'avez pas de relations, vous n'avez pas d'entreprise.

2. Valider – Déterminer l'unicité

Cette entité est-elle unique?
Puis-je valider son identité?
S'agit-il d'un doublon?

Avant de commencer une relation, vous devez la VALIDER. Vous ne pouvez pas avoir une relation saine avec quelque chose si vous ne savez pas ce qu'est cette chose. Est-ce que j'ai déjà cette relation? Ai-je une identité véridique? La sécurité repose sur une identité validée pour chaque relation. Essaie-t-elle de me tromper? Elle essaie de frauder. Elle est défunte d'une manière ou d'une autre – elle a cessé ses activités, est décédée ou n'est plus active. Dois-je l'intégrer dans mon système? Avez-vous la permission et le consentement d'avoir cette relation? C'est un facteur essentiel en matière du respect de la vie privée. Vous devez vous assurer qu'elle a donné son accord, en fonction de l'utilisation visée. L'approche est similaire pour les produits et les marques. S'agit-il d'un nom de produit unique? S'agit-il d'un SKU ou d'un article unique?

Avez-vous éliminé les ambiguïtés? Avez-vous effectué une recherche avant de créer un nouvel enregistrement? La recherche avant la création est un processus de validation très efficace. Simple mais difficile à exécuter. Par exemple, combien d'endroits dans votre organisation pouvez-vous créer un client? « Eh bien, nous avons 28 endroits pour créer un client ». Vous avez 28 endroits pour effectuer la création de client? Pas étonnant que vous ayez un problème! Plus vous avez d'endroits où créer un nouvel enregistrement, moins les gens commenceront par faire une recherche. Les vendeurs qui sont sur le terrain et travaillent avec les clients ne veulent pas passer beaucoup de temps à gérer les données. Ils ajoutent des doublons.

Vous devez vous assurer que ce processus de validation est en place avant d'aller de l'avant. C'est là que beaucoup de problèmes commencent. Les gens insèrent de nouveaux enregistrements et ajoutent de nouvelles relations sans un processus de validation cohérent. Vous devez arrêter les mauvaises données dès le début. L'absence d'un processus de validation adéquat est la cause de l'introduction de déchets dans votre système.

3. Intégrer – Enrichir les données

---

*Est-ce que j'ai tout ce que je dois savoir
de toutes les sources disponibles?*

Ensuite, vous voulez INTÉGRER. Vous voulez prendre toutes les sources de données disparates dont vous disposez et les rassembler d'une manière ou d'une autre. Cela peut être physique ou virtuel. Je ne vous dirai pas comment le faire, mais vous voulez rassembler tout ce que vous savez sur une chose de manière à ce qu'elle soit accessible à toute votre organisation.

Vous devez en savoir le plus possible sur cette chose. Ainsi, tout le monde, à tous les niveaux, a une vue correcte de tout ce qui se passe. Oui, un objectif noble, tout le monde n'est pas là, mais cela se produit dans les entreprises les plus avancées.

Vous pouvez avoir des données provenant de plusieurs systèmes et de sources externes. Vous voudrez que ces données soient intégrées. Vous pouvez disposer d'attributs étendus, de mesures, d'informations et d'alertes provenant de tiers que vous utilisez pour enrichir les données dont vous disposez déjà sur vos entités.

L'idée est de « prendre tout ce que je peux savoir sur une chose et de le rassembler. » C'est ce qu'on appelle communément une vue à 360°. Une façon d'obtenir cette vue à

360° des clients ou des produits est d'intégrer toutes ces sources de données disparates.

4. Agréger – Rapports normalisés

Puis-je les cumuler? Puis-je établir des statistiques sur plusieurs dimensions (géographie, hiérarchie, catégorie)?

Ensuite, vous commencez à AGRÉGER. Vous travaillez à différents niveaux dans une entreprise. Expédier, facturer, planifier, vendre. Vous voulez être capable d'agréger toutes ces données. Une grande partie des analyses de performances d'une entreprise commence par l'agrégation des données. Comment rassembler les données jusqu'au niveau du marché, de l'entreprise ou de la catégorie? La plupart des rapports de gestion consistent en une forme d'agrégation des données au niveau des principaux marchés, des principaux comptes et des principaux segments. Ces niveaux typiques sont également à l'origine d'une grande partie de l'intégration. L'intégration des données se fait souvent aux niveaux agrégés du marché, du client ou du segment.

Voici les 4 C à l'œuvre – code, compagnie, catégorie et comté – dont la structure est à l'origine de tant d'analyses. Quelles sont vos principales catégories? Qui sont vos principaux clients? Où se trouvent vos principaux marchés?

S'il vous manque ces dimensions essentielles, vous manquerez de données dans les analyses. Si le gestionnaire connaît bien les conditions du marché et pense que des données sont manquantes, la confiance dans cette analyse s'en trouvera réduite. Les données agrégées sont souvent utilisées pour intégrer d'autres sources – deux des 8'er à l'œuvre. Vous devez avoir des données granulaires sur chaque entité d'un marché qui doivent être agrégées afin de pouvoir superposer d'autres informations dont vous disposez au même niveau du marché.

5. Partager – Connexions sans faille

Se connecteront-t-elles à d'autres systèmes?
Puis-je les utiliser dans des processus automatisés?

Ensuite, vous commencez à PARTAGER. Comment partager les données de manière transparente entre les processus? Pouvez-vous vous connecter de machine à machine avec d'autres partenaires? Pouvez-vous échanger des données avec d'autres systèmes, qu'ils soient internes ou externes à votre entreprise? Le fait de prendre des données standardisées et de les intégrer dans un processus permet à votre entreprise de faire les choses avec beaucoup moins d'efforts. Cette interopérabilité vous permettra également de prendre des décisions à grande échelle. C'est ce que les entreprises veulent faire. L'échelle pourrait être le seul avantage des données bien gérées. Lorsque vous les partagez entre des processus, elles permettent l'automatisation. Au lieu de faire quelque chose manuellement dix fois, vous pouvez le faire automatiquement cent, mille ou un milliard de fois.

Vous devez permettre l'interopérabilité pour générer une énorme quantité de valeur. La plupart des intégrations de systèmes se font au niveau de la couche logicielle, mais il ne faut pas perdre de vue l'interopérabilité au niveau de la couche de données. L'interopérabilité est l'épine dorsale de nombreuses initiatives innovantes aujourd'hui. N'oubliez pas que la valeur de la transformation numérique augmente en atteignant une interopérabilité sémantique à des niveaux toujours plus élevés.

Le CUP – L'interopérabilité au quotidien

Un supermarché est l'endroit idéal pour voir les données structurées et l'interopérabilité en action. Regardez la valeur du code-barres CUP. Apportez une bouteille, une boîte, un bocal, une canette, un sac ou un tube d'un produit à la caisse. Le caissier le passe sur le scanner et il émet un « bip ». Ce petit « bip », c'est la machine qui reconnaît le CUP. Le produit est identifiable parce que le système du point de vente contient des données maîtres et des données de référence hautement structurées et normalisées. Le système dispose également du prix associé à cet article. Des centaines de systèmes dans des milliers de dépôts peuvent reconnaître des millions d'articles dans des milliards de transactions. Cela n'est possible que parce que les données structurées permettent l'interopérabilité. Bip!

6. Évaluer – Comprendre

Qu'est-ce que cela signifie? Puis-je l'analyser?

VALIDER, INTÉGRER, AGRÉGER et PARTAGER constituent la base. Ce sont des activités qui permettent à une entreprise de déterminer la justesse de ses données. Une fois que vous avez construit cette base, vous pouvez commencer à ÉVALUER. C'est là que l'analyse entre en jeu. Ensuite, vous passez à l'informatique décisionnelle, à l'apprentissage automatique et à l'intelligence artificielle. La plupart des experts en science des données perdent leur temps à faire le ménage dans les données, à les bidouiller et à les triturer. Si vous ne disposez pas d'une base véridique, vous n'obtiendrez pas une signification adéquate lorsque vous commencerez à évaluer. Tant que vous n'avez pas fait cela, le processus d'évaluation est une perte de temps. Vous ne pouvez pas produire des analyses au niveau de l'entreprise sans des données solides.

Tous les outils d'informatique décisionnelle que j'ai vus se vendent bien parce que les données de démonstration sont parfaites. Si les données ne sont pas parfaites, l'outil ne fonctionne pas. Ne commencez pas à injecter des données dans un outil de visualisation sophistiqué et à faire toutes sortes de rapports farfelus avant d'avoir réalisé les tâches de base. Sinon, les gestionnaires ne feront pas confiance à ce que vous leur présenterez. Vous devez vous assurer que vous disposez de données normalisées, propres et fiables dans votre processus d'évaluation. N'oubliez pas :

Les bonnes décisions prises sur la base de mauvaises données
ne sont que de mauvaises décisions
dont vous n'êtes pas au courant... pour l'instant.

---

7. Communiquer – Vocabulaire commun

Comment transmettons-nous la signification aux autres?

Les personnes en relation doivent COMMUNIQUER. Elles veulent faire passer un message. Elles veulent mener une initiative commerciale. Les données vous permettent de communiquer au sein d'une organisation et entre des partenaires. Vous devez disposer de définitions communes et de structures standard avant de pouvoir mettre en place un processus de communication efficace. L'un des premiers exercices de la gouvernance des données consiste à créer un glossaire métier avec un ensemble normalisé de terminologie que chacun peut utiliser dans une entreprise pour décrire différentes entités. Vous voulez être en mesure de communiquer de manière claire et cohérente avec les données. Pensez à la terminologie que les gens utilisent dans l'espace des données.

- Parlons-nous la même langue?
- Sommes-nous sur la même longueur d'onde?
- Est-ce que nous nous comprenons?

Avez-vous déjà vécu l'expérience de vous rendre à une réunion avec un rapport contenant un chiffre, alors que votre homologue de l'autre côté de la table a un chiffre différent ? Vous dites qu'il y a neuf choses, ils disent qu'il y en a douze, et cinq d'entre elles ne sont pas les mêmes. Vous commencez à vous disputer sur les définitions, et avant même de vous en rendre compte, la réunion est terminée. C'est ce qui se produit lorsque vous ne disposez pas d'une structure sous-jacente cohérente que tout le monde peut comprendre.

Vous devez communiquer pour avoir une bonne relation.

Demandez à une personne que vous aimez ce qu'elle en pense.

8. Diffuser – Les données en mouvement

Comment utilise-t-on ces données dans mon organisation?

Pour avoir de la valeur, les données doivent être en mouvement. Elles doivent être DIFFUSÉES. Elles doivent circuler entre les processus, les méthodologies, les entreprises, les secteurs verticaux et des marchés entiers. Les données ne peuvent pas se cacher dans un silo. Elles ne peuvent pas être enfermées dans un fichier PDF. Les membres de votre organisation ne peuvent pas les cacher parce qu'ils veulent garder leur emploi. Elles ne peuvent pas être l'apanage d'une seule personne qui sait comment faire ce rapport spécial que personne d'autre ne peut faire. Cette époque est déjà révolue. La raison pour laquelle ces personnes peuvent encore faire ce petit rapport spécial est qu'elles n'ont pas encore été découvertes.

Les données doivent atteindre le point de décision aussi rapidement que possible. En d'autres termes, vos données doivent devenir viables et fiables dans les plus brefs délais. Veillez à ce que les données soient disponibles pour les bonnes personnes, au bon moment et dans le bon contexte, afin qu'elles puissent prendre les bonnes décisions concernant les relations commerciales pertinentes.

Le partage et la démocratisation des données sont obligatoires dans une organisation axée sur les données. Si vous représentez cela dans votre entreprise, vous devez promouvoir cette idée. Vous devez faire comprendre à vos collaborateurs qu'il faut diffuser cette notion partout. Sinon, vous ne serez qu'un autre silo de données.

******

Examinez votre entreprise, identifiez la façon dont les données sont utilisées ou gérées, et mettez-les en correspondance avec ces 8'er. Il s'agit de cas d'utilisation et d'idées faciles à évaluer que les responsables de l'entreprise peuvent comprendre. Je vous mets au défi de trouver des données qui ne sont pas utilisées pour associer, valider, intégrer, agréger, partager, évaluer, communiquer ou diffuser. Une organisation performante découvrira ces 8'er en combinaison dans ses processus métier les plus courants et les plus essentiels.

CHAPITRE 5

Vendre votre
histoire de données

Conseils pour créer un récit convaincant

Voici une histoire qui combine mon amour pour les données et les récits.

Bien avant l'incarnation actuelle de la Gartner Data & Analytics Conference, il s'agissait de deux événements distincts : L'*Enterprise Information Management Summit* (initialement appelé *MDM Summit*) et le *Business Intelligence & Analytics Summit*. Ils étaient programmés au même endroit et se chevauchaient intentionnellement de quelques jours. Chaque sommet avait un calendrier, des participants et des exposants distincts. Comme vous pouvez l'imaginer, le salon EIM a attiré beaucoup moins de monde que le BI&A. Je pense aussi que la nourriture du BI&A était meilleure!

Une année, le salon EIM était situé au sous-sol de l'hôtel de l'événement, et BI&A était au niveau supérieur dans la grande salle de bal. Typique. Alors que le salon EIM avait une session générale avec un orateur tout à fait approprié qui allait parler de cas d'utilisation de la gestion des données tout à fait raisonnables, le salon BI&A avait invité Francis Ford Coppola à prononcer un discours sur le leadership et la scénarisation.

Oui, *le* Francis Ford Coppola! L'un des cinéastes et conteurs les plus importants de l'histoire de la narration. J'ai perdu le compte du nombre de fois où j'ai vu *Le Parrain*. Il était hors de question que je rate sa conférence.

Armé de mon badge EIM et d'une brave attitude, je me suis dirigé vers les escaliers mécaniques du sous-sol jusqu'au niveau de l'Empereur. Je suis passé devant le préposé à la porte de la salle de bal Augustus. J'ai réussi à obtenir un siège au 10ème rang, tout près de la scène.

J'ai regardé avec envie les milliers de participants à la conférence BI&A entassés dans la salle de bal (alors que je savais que des centaines étaient présents au sommet EIM au sous-sol). J'étais tenté de me lever et de crier: « L'informatique décisionnelle ne fonctionne pas sans une bonne gestion des données. Vous n'êtes rien sans ces gens en bas! » Mais je ne voulais pas ruiner ma couverture.

Coppola a partagé de belles histoires sur la réalisation de films, les difficultés à financer ses rêves cinématographiques et des anecdotes sur sa collaboration avec Marlon Brando. Il a parlé des cinq générations de sa famille de cinéastes. Les Coppola travaillent à Hollywood depuis sa création. Inspirant est un euphémisme. J'étais ébloui.

Le modérateur de Gartner a ouvert le débat pour les questions, et j'en avais une toute prête. Quelqu'un au premier rang a posé la première question. Puis la personne à côté d'elle a posé la deuxième question. Lorsque la personne d'à côté a posé la troisième question, j'ai su que c'est déjà organisé. Gartner avait décidé qui poserait les questions. Je ne me suis pas laissé décourager.

Comme j'étais très près de la scène, j'ai attiré l'attention de Coppola. Il m'a fait un signe de tête. Au moment de la quatrième question, il a fait appel à moi.

Coppola : *Alors, qui veut parler de chaîne de blocs?* [rires]. *Non pas que je sache quoi que ce soit à ce sujet.* [en me montrant du doigt] *Maintenant, quelle est votre question?*

Je me suis levé devant des milliers de personnes, et comme on ne m'a pas tendu le micro, j'ai puisé dans ma formation d'acteur à l'université et j'ai fait résonner ma voix dans la salle. Mon visage mesurait trois mètres de haut sur le moniteur. Les gens de Gartner au premier rang me regardaient fixement. Ma couverture était foutue! Mais j'ai eu mon moment de gloire.

Moi : *Non, je ne veux pas parler de chaîne de blocs* [rires], *mais je veux vous poser des questions sur les histoires.*

Coppola : *Bien. Je préfère ce sujet.*

Moi : *Avant cela, vous avez mentionné vos cinq générations dans les films. Je veux vous remercier de la part de trois générations de ma famille qui ont apprécié et ont été inspirées par vos récits.*

Coppola : *Merci.*

Moi : *Votre capacité à raconter des histoires est si importante pour moi que j'ai eu une fois un patron qui, lorsque j'ai découvert qu'il n'avait jamais vu* Le Parrain, *je n'ai plus jamais eu la même opinion sur lui.* [rires]

Quand vous considérez une histoire, comment savez-vous qu'elle est géniale?

Coppola : *Je ne sais pas. Je suppose que la nuit, quand je n'arrive pas à dormir, je ne pense qu'à ça. C'est comme un casting. Vous rencontrez un acteur ou une actrice, et ils ne vous quittent plus. Je pense que mon cerveau est comme ça. Comme un disque qui joue et puis saute. Il répète toujours la même chose. C'est comme ça avec une personne, une histoire ou une idée. On dirait que ça ne s'arrête jamais. Je crois beaucoup à la confiance en soi et en son instinct. Et votre subconscient ou n'importe quel niveau de conscience que vous avez.*

Quand j'ai besoin d'écrire quelque chose, quoi que ce soit, je l'écris n'importe comment. Et puis je le range. Puis quelques jours plus tard, je reprends le texte, et je sais mieux comment le réécrire. C'est parce que vous travaillez dessus, même quand vous dormez. C'est comme s'il était dans le four, il cuit, et quand vous le sortez, il est plus développé. Et ça peut être le concept d'une entreprise ou d'un film − c'est la même chose.

Mais ce que j'ai découvert, c'est que les grandes histoires restent avec vous. Elles grandissent en vous. Vous les lisez, et elles continuent à revenir vers vous, à vous appeler. C'est en grande partie de l'instinct. Il n'y a pas de règles. Ce n'est pas comme les données, je suppose. Rien de concret ni de rapide. Vous le savez, c'est tout.

Est-ce que j'espérais un secret magique? Oui! J'ai été déçu? Absolument pas. La validation d'un maître conteur.

Fixez vos attentes selon l'expérience de Coppola. Il n'y a pas de formule magique pour une bonne histoire. Il y a une part de science, mais c'est surtout de l'art. Vous pouvez avoir toute la technique du monde, et vous pouvez suivre tous les conseils que je vous ai donnés, ça ne marchera peut-être pas. Alors, travaillez-y. Trouvez les arguments convaincants et les accroches. Laissez-la s'installer en vous. Mettez-la de côté et regardez-la à nouveau plus tard. Et quand vous l'aurez, vous le saurez.

Un cours accéléré sur la vente

Les grands récits ont une intrigue captivante, des images vivantes et des personnages attachants. Les histoires classiques comportent une lutte, un voyage et une vision d'une meilleure vie. La narration des données doit inclure les mêmes éléments, racontés avec passion et enthousiasme.

Vous vous demandez peut-être de quel type d'histoire il s'agit? Une aventure épique? Une histoire de science-fiction? Peut-être un polar? Non, rien de tout cela. Contrairement aux épopées de Coppola, votre histoire de données est un ARGUMENTAIRE. C'est le type d'histoire qui doit susciter l'action. Vous devez obtenir un engagement qui mène à une action ultérieure. Cette action peut consister à augmenter le financement, à obtenir des ressources supplémentaires, à encourager l'implication des parties prenantes ou à identifier la propriété des données. Quoi qu'il en soit, vous devez demander une certaine forme d'engagement. Si vous voulez susciter l'action dans un contexte commercial, vous devez vendre. Votre objectif est d'obtenir un engagement de la part de votre auditoire.

Tous les argumentaires se terminent par un appel à l'action. Quelle action attendez-vous de l'entreprise? Dans de nombreux cas, vous faites passer votre auditoire de la pensée « Je n'ai aucune idée de ce dont vous parlez » à l'exclamation « Comment pouvons-nous vivre sans cela? »

Il ne s'agit pas d'un livre de formation à la vente. Je ne vous suggère pas de suivre une formation à la vente, mais les compétences générales en matière de vente sont extrêmement précieuses.

J'ai fait toute ma carrière dans la vente et je suis de la quatrième génération de vendeurs. Mon père était vendeur. Mes grands-pères étaient des vendeurs. Au tournant des années 1900, mon arrière-grand-père a été l'un des premiers rabbins du Texas. Ça, c'était de la vente!

Je vois la vente comme une force du bien. Mon père m'a donné un poster qui a été accroché au mur de tous les bureaux où j'ai travaillé. Il dit : *Une chose terrible arrive si personne ne vend – RIEN!* Les mauvais vendeurs, comme tout ce qui est mauvais, peuvent salir la réputation d'un métier. La vente est en effet le plus vieux métier du monde. Je sais que certains pensent à quelque chose d'autre, mais n'est-ce pas aussi de la vente?

En tant que jeune vendeur de porte-à-porte, j'ai appris que chaque vente comporte quatre étapes. Elles sont basées sur les travaux d'Elias St. Elmo Lewis, un pionnier de l'utilisation et de la valeur de la publicité au début des années

1900. Ces quatre phases par lesquelles les gens passent lorsqu'ils prennent une décision sont plus connues comme le modèle AIDA : Attention, Intérêt, Désir et Action.

- Attirer l'**a**ttention;
- Développer l'**i**ntérêt;
- Nourrir le **d**ésir;
- Sécuriser l'**a**ction.

Vous devez attirer l'*attention* de quelqu'un, développer son *intérêt*, nourrir son *désir* et, enfin, obtenir son engagement à *agir*. Vous ne pouvez pas commencer par la fin. Votre auditoire ne va pas s'engager dans quelque chose qu'il ne désire pas. Il ne le désirera pas s'il n'est pas intéressé. Il ne sera pas intéressé s'il n'a jamais attiré son attention. Il n'est pas nécessaire d'aller trop loin dans la psychologie, mais il faut être conscient du processus cognitif.

À l'inverse, si vous captez l'attention de votre auditoire, il voudra en savoir plus. Si leur intérêt grandit, il peut se transformer en désir. Lorsque ce désir augmente, l'engagement à agir devient l'étape suivante naturelle. Ces phases peuvent se produire après six mois de réunions ou en une minute dans l'ascenseur avec votre PDG. Mais que vous le réalisiez ou non, chaque demande d'engagement passe par ces quatre phases : *attention, intérêt, désir, action*.

Raconter des histoires aux dirigeants

Les cadres peuvent avoir besoin de séances individuelles. Assurez-vous de couvrir les mêmes sujets que toutes les autres sessions, mais résumez-les à un niveau exécutif. Si vos cadres supérieures ont des adjoints ou d'autres personnels de soutien, assurez-vous de leur présenter également le contenu. Demandez-leur conseil sur la meilleure façon de formater et de transmettre votre message. Vous risquez de vous heurter à la politique du bureau, par exemple s'assurer que votre patron approuve, et son patron et son patron. Bien sûr, cela dépend de la personnalité et de la dynamique de votre direction. Mais la plupart des dirigeants veulent entendre parler de tous les domaines de leur activité.

Une fois que les dirigeants ont adhéré au projet, il devrait être plus facile d'obtenir l'aide du reste de l'organisation. Leur approbation donne au reste de l'organisation « la permission de croire ». Vous n'aurez pas à passer autant de temps à convaincre les autres. Pour obtenir des conseils sur la façon de créer ce message, veuillez consulter la section intitulée « Illuminer la vision de l'entreprise ».

Soyez prêt à être interrompu. Les cadres supérieurs saisissent rapidement les concepts – ils pensent à des ramifications de grande envergure. En raison de leur large champ de vision, ils peuvent voir des possibilités que vous ne voyez pas. Et oui, ils peuvent faire des liens que vous ne pouvez pas faire. Soyez prêt à répondre à leurs questions sur le moment, surtout s'il s'agit d'un entretien individuel ou d'une petite réunion. Donnez-leur une réponse abrégée si nécessaire, pour ne pas perdre le fil. La pire chose que vous puissiez faire est de dire : « Je vais aborder ce sujet plus tard ». Il se peut qu'il n'y ait pas de plus tard.

Sachez de combien de temps vous disposez et respectez-le. Si les cadres veulent qu'une réunion se prolonge, elle le sera. Mais ne vous attendez pas à obtenir plus de temps. Veillez à ce que votre contenu ne prenne qu'environ la moitié de la réunion prévue. Vous voulez du temps pour des questions et des discussions.

Préparez-vous au succès. Parfois, un dirigeant vous demandera soudainement ce que vous voulez ensuite. Préparez-vous-y. Votre but est d'obtenir un engagement. Votre objectif n'est pas *de visionner toutes vos diapositives*.

Une petite anecdote à propos des PDG : j'ai eu l'occasion de rencontrer plus que ma part de PDG, et j'ai toujours aimé parler avec eux. Ils sont intelligents, conscients et rapides à réagir. Lorsque j'étais chez Nielsen, j'ai eu le grand honneur de travailler directement avec notre PDG de l'époque, Dave Calhoun. C'est un leader de classe mondiale. Il était l'un des meilleurs protégés de Jack Welsh lorsqu'il travaillait pour General Electric et il est maintenant PDG de Boeing. Donc, cet homme a tout fait et tout vu. J'étais en train de lui expliquer un concept, et il m'a soudain dit : « OK, Scott, quelle est la *seule* chose que je puisse faire pour toi? » Je n'ai habituellement pas la langue dans ma poche mais je n'étais pas du tout prêt à ce qu'un génie de l'entreprise exauce mon souhait. J'ai marmonné quelque chose comme « Wow, laissez-moi y réfléchir ». C'était la mauvaise réponse.

Je n'étais pas prêt pour le succès. J'ai juré que je le serais la prochaine fois – si jamais il y avait une prochaine fois. J'ai travaillé avec mon équipe pour trouver une réponse courte et concise. Par chance, des mois plus tard, Calhoun m'a demandé la même chose : « OK, Scott, quelle est la *seule* chose que je puisse faire pour vous? » J'avais ma réponse toute prête. Le style de votre leader est peut-être différent, mais pensez à cette histoire. Soyez prêt à réussir. Ayez en tête cette chose dont vous avez besoin. Retournez-la et offrez-la. Votre réponse peut être : « Voici la seule chose dont j'ai besoin de votre part, ... ». N'en faites pas cinq ou douze. Restez simple. Les dirigeants apprécient une présentation claire. C'est le meilleur moyen d'être réinvité.

La persévérance est la clé

Les histoires n'aboutissent pas toutes. Sachez simplement qu'il y a autant d'art que de science dans cette approche. Il existe de nombreux facteurs de décision sur lesquels vous n'avez aucun contrôle. Vous ne savez peut-être même pas qu'ils existent. Les émotions, les autres priorités, la politique de l'entreprise et les intérêts concurrents entrent en ligne de compte dans les objections que vous recevrez si vous ne parvenez pas à obtenir un engagement. Continuez. Vos idées en matière de gestion des données aideront votre entreprise. La persévérance est la clé.

Une dernière chose à propos de la vente

De nombreuses personnes argumentent au-delà du point d'efficacité. Une fois que vous avez obtenu l'accord de votre auditoire, vous devez passer à l'action. N'ajoutez pas d'anecdotes supplémentaires et ne développez pas des concepts qu'ils ont déjà reconnus. Vous risquez de faire échouer l'affaire. J'ai appris cela de première main au début de ma carrière. Je venais de conclure un contrat avec un acheteur qui s'était engagé. Dans mon enthousiasme, j'ai dit « et ce sera comme l'année dernière! ».

L'acheteur a répondu : « Vraiment? Je n'ai pas aimé l'année dernière. Je vais devoir reconsidérer la question. » J'ai perdu la vente en un instant. J'ai raconté cette histoire à mon père, pour qui je travaillais à l'époque. Il m'a dit : « Mon fils, tu as appris l'une des leçons les plus importantes en matière de vente : Quand tu obtiens le OUI, tais-toi. » Donc, quand vous avez le OUI, taisez-vous.

C'était mon cours intensif sur la vente.

Comment ne pas commencer votre histoire

Lorsque vous êtes face à des hauts dirigeants, le début de votre présentation est d'une importance capitale. C'est peut-être le seul moment où vous disposez d'une portion de temps ininterrompue. Une introduction créative et solide est cruciale pour capter l'attention. Or, la plupart des histoires de gestion des données que j'ai entendues commencent mal, souvent par quelque chose comme :

- *Nous avons besoin d'une meilleure qualité des données*
  (vrai, mais pas très accrocheur)
- *Il y a plus de données que jamais auparavant*
  (est-ce vraiment une nouvelle?)
- *Les données sont le nouveau pétrole*
  (non, ce ne l'est pas)

Faux départ 1 – La qualité des données ne fait pas une bonne histoire

Cela peut sembler une hérésie : la qualité des données n'est pas une histoire passionnante. Bien sûr, elle est essentielle. Oui, vous devez l'avoir. Cependant, l'un des objectifs de ce livre est de vous aider à vendre votre programme de gestion des données. S'appuyer trop fortement sur l'angle de la qualité ne fonctionne pas.

Il ne fait aucun doute que les données doivent être précises et exploitables pour apporter de la valeur à toute entreprise. La « nécessité de disposer de données de haute qualité » est le cri de ralliement dominant des spécialistes des données depuis des décennies. Tom Redman, The Data Doc et expert de renommée mondiale en matière de qualité des données, a récemment fait référence à un article de la Sloan Management Review qu'il a écrit, déclarant que « notre objectif ultime a été d'améliorer la qualité des données et des informations par ordre de grandeur ». L'article original, publié en 1995, se lit comme s'il avait été écrit hier. C'est bien là le problème.

Ces messages et ces leçons sont les mêmes depuis toujours. Les problèmes de qualité et d'hygiène des données existent depuis que les données existent. Les leaders en matière de données et de technologie s'en plaignent depuis des lustres. Il existe une multitude de bons livres écrits par des professionnels des données très accomplis sur l'importance de la qualité des données. Des années plus tard, nous utilisons les mêmes titres. « La qualité des données est super importante ». Je n'ai pas vu une ruée de soutien de la part des chefs d'entreprise. Et vous? Je ne dis pas que la qualité n'est pas essentielle et précieuse, mais pour ce qui est d'obtenir le soutien des dirigeants, la vérité est que cette approche ne fonctionne pas. Si la qualité des données était un moyen efficace d'obtenir l'engagement des dirigeants, on l'aurait. Si c'était le cas, pourquoi les entreprises souffrent-elles encore de problèmes fondamentaux de qualité des données? Si ce discours était si efficace, pourquoi sommes-nous (et vous) toujours dans le même pétrin? Parce qu'il ne capte l'imagination de personne.

Le concept de « données de haute qualité » n'inspire pas les dirigeants d'entreprise. La qualité des données peut ressembler à un sujet administratif d'arrière-guichet. Elle ressemble à une corvée. Et lorsque vous en parlez, il arrive que l'émotion ressorte et que vous donniez l'impression de vous lamenter. Désolé, quelqu'un doit vous le dire.

Qualité est un mot émotionnel, subjectif et intangible. La qualité évoque des images floues de produits fabriqués à la main et une voix hors champ à la Philippe Noiret qui roucoule sur le « cuir corinthien fin ». Bien que les mesures de la qualité des données soient essentielles et extrêmement valables au sein des départements de données, les dirigeants de l'entreprise ne se soucient pas de la qualité des données. Ce qui les intéresse, ce sont les résultats.

La qualité des données, en soi, ne mène pas directement au soutien de l'entreprise. Si vous énoncez votre objectif comme étant « l'amélioration de la qualité des données », on vous demandera immédiatement « pourquoi devrais-je m'en soucier? ». « Eh bien », répondrez-vous peut-être, « alors nous pouvons transformer notre expérience client, alors nous pouvons augmenter le rendement, alors nous pouvons réduire notre taux d'erreur, alors nous pouvons solidifier nos normes de fiabilité. » De votre propre aveu, la qualité des données n'est qu'un outil, un moyen d'atteindre un objectif plus important. Recadrez le problème dans cette optique. Formulez votre objectif sous la forme d'une initiative opérationnelle :

Nous devons réduire notre taux d'erreur d'expédition,
ce qui nécessitera une gouvernance des données
plus solide pour nos données de base.

Ça sonne déjà mieux.

La qualité des données n'est pas la destination. Bien que peu de PDG se soucient de la qualité des données, ils sont tous passionnés par les clients et les relations commerciales, ainsi que par la satisfaction engendrée par les produits, les marques, les services et les offres. Les PDG conviendront que l'amélioration de l'expérience client est essentielle à leur mission, mais il se peut qu'ils ne comprennent pas comment cela est lié à la qualité des données. Au lieu de cela, armez vos dirigeants d'une déclaration de valeur claire reliant la qualité des données aux efforts fondamentaux de l'entreprise. Chaque système d'entreprise doit exploiter les données. Le retour sur investissement et la justification de toutes ces applications de gestion dépendent de la force des données au sein de ces systèmes et processus.

Si j'avais une minute avec un PDG pour lui présenter votre programme de qualité des données, je ne me plaindrais pas du manque de qualité. Voici comment je l'aborderais :

> *Nous n'avons pas de définition standard ni de structure commune pour nos données clients, et vous venez d'écrire dans le rapport annuel que nous voulons être « de meilleurs partenaires pour nos clients ». Que nous voulons avoir « une vision à 360° du client ». C'est ce dont parle notre chef du marketing, et nous n'avons pas les données pour le soutenir! Laissez-moi vous montrer pourquoi.*

Cela me semble différent, plus stratégique, plus à long terme, plus fondamental, que « la qualité de nos données est nulle ». Il n'y a pas un seul PDG qui pense qu'il devrait avoir une meilleure qualité des données juste pour avoir une meilleure qualité des données. En tant que leaders en matière de données, nous devons changer la conversation. Avec tout le respect que je dois aux experts en qualité des données, votre travail est essentiel, mais votre ancien discours ne fonctionne pas.

Faux départ 2 – Il y a plus de données aujourd'hui que jamais auparavant

> *L'année dernière, plus de données ont été créées que toutes les autres années réunies!*
> *Il y a plus de données maintenant que jamais auparavant.*
> *Il y a plus de données maintenant qu'il n'y en avait lorsque vous avez commencé à lire cette phrase!*
> *Il y en a encore plus maintenant.*
> *Et maintenant, il y a encore plus de données.*

C'est un fait indiscutable, mais qui s'en soucie? Oui, il y a plus de données aujourd'hui que jamais auparavant. Ces statistiques sont-elles pertinentes pour votre entreprise? Non. Il n'y a rien de nouveau ici.

Figure 15. Impressionnant, mais ce type d'approche est-il encore pertinent? Ou s'agit-il d'un cliché inapplicable?

Faire des déclarations grandioses sur le simple volume de données ne conduit pas immédiatement à une justification de votre programme de gestion des données. Vous pourriez penser que ce passage est évident, mais il ne l'est pas. Vous ne faites qu'inonder la conversation de statistiques sur lesquelles vous ne reviendrez même pas au cours de votre récit.

Faux départ 3 – Les données sont le nouveau pétrole... NON!

Les données sont-elles le nouveau pétrole? Non, je dis, ce n'est l'est pas. Lorsque vous commencez votre histoire par ce commentaire, êtes-vous sûr qu'on sait ce que vous voulez dire? N'y comptez pas. Le volume, la variété et la vélocité du débat sur cette phrase devraient suffire à vous faire chercher ailleurs le soutien de votre histoire. Il est temps de laisser tomber les DSLNP. Si vous êtes d'accord, passez au chapitre suivant. Sinon, continuez à lire.

Le but de l'imagerie dans un contexte d'affaires est de clarifier et de simplifier une idée pour la rendre plus facile à comprendre. DSLNP n'est pas une image claire. Ce n'est pas un concours de poésie. Nous n'essayons pas d'interpréter les œuvres cryptiques de Charles Baudelaire. Nous essayons de communiquer des opportunités commerciales essentielles de manière claire et concise.

Tout d'abord, la formulation exacte « les données sont le nouveau pétrole » est une *métaphore,* pas une *comparaison.* Si vous vous souvenez de vos cours de français au lycée, une comparaison serait « les données sont *comme* le pétrole » (oubliez la partie « nouveau » pour l'instant). Suggérer que les données sont comme le pétrole a intuitivement un certain sens. C'était l'intention de la première utilisation de cette expression en 2006, par Clive Humby. Celui-ci a poursuivi en expliquant que les données, comme le pétrole, « sont précieuses, mais ne peuvent être utilisées si elles ne sont pas raffinées ». Tout à fait d'accord. Les données sont le carburant de l'analytique. Les données sont le lubrifiant entre les systèmes. Les données ont une valeur supérieure lorsqu'elles sont raffinées et utilisées correctement.

Même si *les données sont comme le pétrole* n'est pas ce que la plupart des gens disent aujourd'hui, un contre-argument a émergé, basé sur l'interprétation littérale de cette comparaison. *Le pétrole a un stock limité. Il pollue. Le pétrole n'est utilisé qu'une fois*, et ainsi de suite. À l'inverse, *les données sont durables. Elles ne polluent pas. Les données sont réutilisables.* Quel que soit le côté de cette interprétation, vous devez convenir que nous avons déjà passé trop de temps à en débattre pour que ce soit une forme de communication efficace. Intellectuellement stimulant? Peut-être. Un message efficace pour les affaires? Non!

Une autre faction suggère que la comparaison des données avec le pétrole renforce la valeur potentielle. À l'heure où nous écrivons ces lignes, le prix du pétrole a atteint des records à la baisse. Le pétrole n'est plus immédiatement associé à la richesse, comme dans la série américaine *Beverly Hillbillies*. Encore une fois, trop de temps pour expliquer, trop de variance dans l'interprétation.

Doug Laney a publié un démantèlement direct et mortel de l'interprétation littérale de cette comparaison erronée :

Les données ont des propriétés économiques qui leur permettent d'être exploitées comme d'autres actifs ne le peuvent pas, notamment le pétrole, auquel elles sont souvent comparées à tort. Les données peuvent être utilisées simultanément à des fins multiples. C'est ce que les économistes appellent un actif non rival, non épuisable et régénérable. Lorsque vous consommez des données, elles ne s'épuisent pas, et lorsque vous les utilisez, elles génèrent souvent d'autres données.

Bien que Humby ait prononcé cette phrase infâme en 2006, les DSLNP a connu une résurgence récente grâce à une interprétation erronée et récurrente d'un article de The Economist publié en 2017 et dont le titre attirait l'attention : *La ressource la plus précieuse du monde n'est plus le pétrole, mais les données.* L'image de l'article a fait son chemin dans de nombreuses présentations de l'industrie, des webinaires et des publications LinkedIn sur le potentiel positif et précieux des données.

Figure 16 Ce cliché souvent utilisé ne constitue pas une représentation positive des données, il ne faut donc pas l'utiliser.

Flash info : Ce n'est pas un article positif sur les données. Comment le savoir? Commencez par lire le sous-titre : *L'économie des données exige une nouvelle approche des règles de concurrence.* Si cela ne vous convainc pas, lisez un peu plus loin, seulement jusqu'à la première phrase de l'article.

Une nouvelle matière première donne naissance à une industrie lucrative et en pleine expansion, ce qui incite les autorités de réglementation de la concurrence à intervenir pour restreindre ceux qui contrôlent son flux. Il y a un siècle, la ressource en question était le pétrole. Aujourd'hui, des préoccupations similaires sont soulevées par les géants du commerce des données, le pétrole de l'ère numérique.

C'est un article négatif sur les données. C'est une image négative des données. Il suggère que Facebook, Amazon, Google et d'autres grandes plateformes numériques devraient être soumis à une réglementation plus stricte pour contrôler la distribution et le flux des données. Indépendamment de votre opinion sur ce sujet, pensez-vous toujours que cette illustration soutient votre besoin de gestion des données? Cet article aide-t-il votre argumentation sur le potentiel positif des données dans votre organisation? Lors d'une conférence, j'ai eu l'occasion de discuter avec Ryan Avent, le journaliste qui a écrit l'article.

« Ce n'est pas un article positif sur les données. » dis-je.

« Non, » il a dit, *« ça ne l'est pas. »*

« Mais il a pris une vie propre, n'est-ce pas? » j'ai dit.

« Je sais », il a souri.

Il était ravi. C'est son histoire. Il la veut partout. Cela a engendré un nouveau cycle de « les données sont le nouveau ... » complétez le blanc. Les données sont le nouvel or, la nouvelle monnaie, la nouvelle électricité, le nouveau bacon, et même le nouveau tofu. Est-ce que tout cela vous aide à raconter votre histoire de données? Non, pas du tout. C'est peut-être un jeu de société amusant. Il ne fait aucun doute qu'il anime nombre d'entre nous sur le sujet. Mais si vous avez l'intention d'obtenir le soutien de ceux qui ne comprennent pas les données, cet article ne fera que les effrayer.

Enfin, les données ne sont pas nouvelles. Il y avait des données avant les ordinateurs. Il y avait des données avant l'électricité. Un exemple est le *Domesday Book* – prononcé « *doomsday* ». Il a été compilé en 1089 par Guillaume le Conquérant après les conquêtes normandes. (Ils s'étaient enfin sortis de leur problème de bogue de l'an 1000). Le *Domesday Book* est un inventaire complet de toutes les personnes et de leurs biens dans l'ancienne Angleterre. S'agit-il de données structurées de base? Oui!

Les données ne sont donc pas nouvelles. Ce n'est pas du pétrole. Ce n'est pas le nouveau pétrole. Dans certains cas, si vous voulez, les données sont comme du pétrole. Restez-en là. Gardez cependant à l'esprit que l'ambiguïté dans une discussion avec les cadres n'est pas votre amie.

****

Veuillez éviter ces trois clichés peu imaginatifs. Tous les autres disent la même chose. Chacun d'entre eux rendra votre auditoire impatient que vous en veniez au fait : pourquoi, précisément, la gestion des données est-elle importante pour l'entreprise?

Quelques analogies qui fonctionnent

Vous devrez peut-être essayer différents types d'analogies et d'images pour capter l'attention de votre auditoire. Les analogies avec la nourriture sont particulièrement percutantes. Pour illustrer l'importance des données dans les processus métier, vous pouvez utiliser la relation entre les *ingrédients*, les *recettes* et les *cuisiniers*. Les *cuisiniers* (l'équipe d'analystes) suivent des *recettes* (méthodologies) qui nécessitent des *ingrédients* (données). Plus les ingrédients sont bons, meilleur est le repas (résultats).

La *monnaie* est également une analogie utile pour la valeur et la transférabilité des données. Les données deviennent souvent la *monnaie* entre les parties. Le *carburant* et l'*électricité* sont des analogies fortes de la façon dont les données alimentent d'autres activités (mais pas, comme je l'ai mentionné, comme une métaphore fleurie du pétrole).

À l'instar d'un *réservoir d'eau propre* qui dessert une communauté, votre programme de gestion des données garde, protège et valorise le contenu de vos données.

Systèmes	Données
Logiciel	Contenu
Automobile	Carburant
Cuisine	Ingrédients
Plomberie	Eau

Figure 17 Des analogies simples peuvent aider les décideurs à comprendre le rôle des données par rapport aux systèmes.

Dans son livre, *The Data Garden and Other Data Allegories*, Paul Daniel Jones propose différentes idées créatives pour décrire le fonctionnement des données. Il propose l'analogie du jardin, ainsi que celle d'un hôpital, d'une auto-école et d'autres encore. Si vous cherchez des moyens de stimuler votre imagination, jetez-y un coup d'œil.

Ajoutez du piquant à votre plat

Votre récit doit équilibrer efficacement deux aspects : il doit être convaincant, mais il doit aussi être techniquement précis. Il doit avoir cet équilibre entre le pourquoi et le comment. Bien que je me concentre exclusivement sur le pourquoi, je suppose que vous savez tous comment vous allez l'exécuter. Si vous y pensez métaphoriquement, il s'agit de l'équilibre entre les assaisonnements et le plat. Seul, le sel et les épices ne nourrissent pas. Inversement, personne ne veut de plat fade.

Vous vous demandez peut-être pourquoi j'aborde soudainement la partie « comment » de l'histoire. Eh bien, si vos dirigeants disent OUI, alors vous devrez tenir vos promesses. Soyez prêt pour le OUI. Les assaisonnements de l'histoire concernent l'imagerie. Vous cherchez à susciter l'empathie de l'auditoire, à être cool et à inspirer.

Les détails techniques décrivent votre solution. Ils détaillent la manière dont vous allez procéder. Il peut s'agir d'un plan de projet, d'une architecture, de processus, ou de tout autre élément adapté à votre contexte. Cela doit être logique et pratique. C'est l'exécution.

N'oubliez pas qu'il doit y avoir un équilibre entre l'évangélisation et l'exécution. Si vous mettez trop l'accent sur l'un plutôt que sur l'autre, vous aurez des problèmes. S'il s'agit de techno-bulles ennuyeuses ou de listes d'exigences, vous perdrez votre auditoire. Si vous y allez trop fort sur le discours promotionnel, personne ne vous croira.

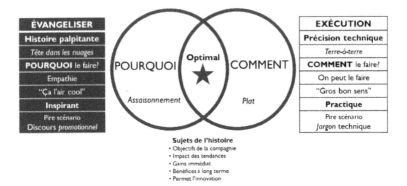

Figure 18 Créer un équilibre entre l'évangélisation et l'exécution.

CHAPITRE 6

Construire votre histoire de données

Aligner la gestion des données sur les orientations stratégiques de votre entreprise

Il est maintenant temps de construire votre propre histoire de gestion des données. Pour convaincre les parties prenantes, les responsables de la gestion des données doivent élaborer un récit convaincant qui crée l'urgence,

ravive l'enthousiasme et s'aligne sur les orientations stratégiques de l'entreprise. En effet, si les parties prenantes ne
comprennent pas et ne sont pas d'accord sur le
POURQUOI, elles ne seront pas intéressées par le
COMMENT. Il existe de multiples raisons pour lesquelles
les programmes de gestion des données peuvent échouer,
mais une majorité écrasante souffre d'une incapacité à
démontrer et à communiquer leur alignement avec l'entreprise. Pour vous aider à résoudre votre défi de narration,
vous devez travailler sur ce que j'appelle les 3 V de la
narration des données – Vocabulaire, Voix et Vision.

Cette section devrait vous aider à formaliser et à organiser
votre récit. Vous pouvez utiliser le cadre des 3 V pour
illustrer l'importance stratégique de la gestion des données
pour l'ensemble des parties prenantes de l'entreprise. Cela
vous permettra d'être plus déterminé et éventuellement
plus explicite sur POURQUOI la gestion des données est
essentielle. Votre récit de la gestion des données devrait
transmettre efficacement un équilibre entre une *capacité
d'exécution* ancrée dans la réalité technique et *l'alignement
de la vision* soutenue par une narration convaincante.

Vous pouvez l'envisager comme une campagne de
marketing interne et chercher des moyens de valoriser
votre initiative. Il s'agit essentiellement d'un défi de
communication. Plus l'entreprise est grande, plus vous
devrez vous battre pour attirer l'attention. Et vous serez en

concurrence avec d'excellents conteurs dans les ventes, le marketing et d'autres secteurs de votre entreprise.

Pour commencer, répondez à ces questions afin de l'aborder comme une campagne de marketing interne :

- Quel est votre auditoire cible? Les cadres supérieurs, les parties prenantes de l'entreprise ou le personnel chargé de la gestion des données.

- Quels sont les comportements et les perceptions qui doivent être modifiés? *Ce sujet n'est pas important. Nous avons d'autres priorités. Ce n'est pas mon domaine – c'est un problème informatique.*

- De quels engagements et actions avez-vous besoin? Un soutien plus important, une meilleure conformité, un financement continu.

Exploiter les 3 V de la narration de la gestion des données

Construire un récit pour votre histoire de gestion des données n'est pas une activité banale que vous pouvez remettre à la dernière minute. En organisant votre groupe autour d'un thème et d'une approche communs, vous ferez des merveilles pour faire comprendre la nécessité du travail que vous et votre équipe faites. Mais c'est un effort. Je n'attends pas de vous que vous écriviez la prochaine série *Harry Potter*, mais tout comme J. K. Rowling, vous devez façonner votre récit autour de thèmes spécifiques. Pour vous aider, voici trois domaines qui méritent votre attention : Les mots que vous utilisez, la façon dont vous les dites, et ce qu'ils signifient. De nombreuses organisations souffrent d'un manque de soutien de la part de leur direction parce que :

- Le **vocabulaire** est déroutant;
- La **voix** est discordante;
- La **vision** est floue.

Lorsque vous communiquez avec les dirigeants et les parties prenantes, ne vous attardez pas sur les détails techniques, les caractéristiques, fonctionnalités ou l'architecture de référence, mais concentrez-vous sur l'essentiel :

- Établir un **vocabulaire** accessible;
- S'harmoniser avec une **voix** commune;
- Mettre en lumière la **vision** de l'entreprise.

Établir un vocabulaire accessible

Les mots que nous utilisons sont importants. Pour parler à l'entreprise, vous devez utiliser le vocabulaire de votre entreprise. Pour être convaincant, vous devez aller bien au-delà du lexique traditionnel de la gestion des données. Allez revoir ma section sur l'importance excessive accordée à la « qualité des données ». Encore une fois, je pense que la qualité des données est un aspect essentiel de leur gestion, mais elle n'est pas convaincante en soi.

De même, des concepts tels que « nettoyage » ou « rafraîchissement » peuvent être nécessaires, mais ils ne sont guère holistiques et rarement stratégiques. La plupart des exercices « d'hygiène des données » sont des projets ad hoc, basés sur des campagnes, isolés dans un cas d'utilisation cloisonné. Dans vos discussions, remplacez les termes vagues, tels que « qualité, nettoyage, rafraîchissement et hygiène » par des mots définitifs comme « structure, normes, couverture et interopérabilité ».

Commencez par la terminologie et la nomenclature utilisées dans votre entreprise et votre industrie. Une grande partie de cette terminologie est probablement déjà répertoriée dans votre glossaire métier. Saisissez les termes de toutes vos relations commerciales et offres de marque. Demandez à vos partenaires d'expliquer les choses dans leur langue. Commencez par le niveau le plus granulaire de vos relations. Par exemple, de nombreuses industries considèrent les *consommateurs* comme leur principale relation. Les cabinets d'avocats et les agences de publicité, en revanche, les appellent des *clients*. Les fabricants de produits emballés appellent leurs partenaires détaillants des *clients* et leurs utilisateurs finaux des *consommateurs*. Un hôpital n'appellera jamais un *patient* un *client*.

L'objectif de cette terminologie est d'établir un langage commun pour votre organisation. Si vous êtes une entreprise internationale, votre vocabulaire doit avoir une résonance mondiale, parfois à travers plusieurs cultures. Les termes que vous utilisez doivent correspondre directement à vos domaines de données maîtres et représenter la plupart des domaines de vos données.

En outre, établissez un vocabulaire cohérent pour les niveaux hiérarchiques, les segmentations et les zones géographiques du marché. Ce sont des éléments essentiels de votre entreprise. Vous remarquerez qu'ils sont en corrélation avec les 4 C décrits précédemment (consultez cette section pour une terminologie supplémentaire). Exploitez le vocabulaire standard de votre industrie. Il existe sans aucun doute des associations professionnelles, des organismes de normalisation et d'autres instances de gouvernance dans votre secteur. Nombre d'entre eux disposent de glossaires sectoriels que vous pouvez exploiter pour donner immédiatement de la crédibilité à votre récit.

J'ai récemment vu une offre d'emploi pour un gestionnaire de données maîtres dans une entreprise pharmaceutique internationale. L'offre d'emploi contenait un tas de mots propre à cette entreprise et à son industrie en général. Les différents domaines de données maîtres comportaient des types d'entités généralement reconnaissables, comme *les patients, les payeurs, les employés, les contrats, les fournisseurs, les sites et les produits*, ainsi qu'une terminologie industrielle très spécifique : *omiques, composés, maladies, CRO, essais, KOL, HCP, EMR, EHR et parcours du patient.*

Exemple de vocabulaire d'une entreprise pharmaceutique
Termes couramment reconnus
patients, payeurs, employés, contrats, fournisseurs, sites et produits
Nomenclature spécifique à l'industrie
omiques, composés, maladies, CRO, essais, KOL, HCP, EMR, EHR

Figure 19 Un vocabulaire combinera des termes largement reconnus et la nomenclature spécifique à l'industrie.

Évitez le jargon technique et les descriptions de processus. Vous devrez invariablement utiliser des acronymes, souvent appelés ATL. (ATL est un acronyme de trois lettres pour Acronyme à Trois Lettres. Parlez méta!) Expliquez tous les ATL pour vous assurer que votre auditoire les comprend. Les trois mêmes lettres peuvent avoir des significations totalement différentes pour différentes personnes au cours d'une même réunion.

Voici une petite histoire de données pour illustrer mon propos. Un responsable marketing et un expert en science des données ont eu un entretien avec leur PDG.

« Nous avons besoin de SQL », dit l'expert en science des données.

« Nous avons besoin de SQL », dit le responsable marketing.

« Oui, nous avons besoin d'une suite! » dit le PDG.

Tout le monde a quitté la réunion, confus.

Si vous savez que SQL est l'acronyme de *structured query language*, il signifie aussi *sales qualified lead* en marketing. Ce PDG confus a cru entendre le mot « *sequel* »[9].

Il existe de nombreux termes surutilisés (c'est-à-dire populaires) dans le domaine de la gestion des données qui peuvent ne pas vous aider à faire valoir votre point de vue. Nous disons tout le temps "*Golden Record*" pour parler des données maîtres. Votre PDG pourrait penser, « en or ? Eh bien, ça a l'air cher! »

Dans d'autres catégories technologiques, des expressions comme « version unique de la vérité » ont été diluées. Une version unique de la vérité (VUDV) semble profiter à presque tous les types d'applications de consolidation des données. Même les fournisseurs de plates-formes d'analyse et de stockage infonuagique utilisent cette expression. Le problème est que lorsque vous dites VUDV, les gens ne savent pas toujours ce que vous voulez dire.

Répondez à ces questions pour éviter la terminologie tactique et technique :

---

[9] NdT, en anglais, plusieurs prononcent SQL comme « *sequel* », qui signifie aussi la suite d'un film ou d'un livre.

- Quelle est la terminologie et la nomenclature utilisées dans votre entreprise et votre industrie?

- Quelle est la relation commerciale la plus granulaire? (client, compte, dépôt, porte, consommateur, citoyen, ou patient?)

- Comment faites-vous référence à vos produits, marques et offres?

- Quels termes utilisez-vous pour décrire les relations hiérarchiques, la segmentation de la clientèle et les zones géographiques du marché? (Rappelez-vous les 4 C de la structure des données).

- Comment s'appelle votre programme de gestion des données? Est-ce que cela résonne et suscite l'enthousiasme des parties prenantes de l'entreprise, ou s'agit-il simplement du nom de la plate-forme logicielle?

Nommer votre programme de gestion des données

Si vous considérez votre programme de données comme une marque interne, il lui faut un nom. Vous voulez saisir l'esprit de ce que vous faites. Des acronymes accrocheurs peuvent souvent renforcer la portée et l'importance du projet. De nombreuses personnes utilisent des termes mythiques et héroïques. PEGASUS en est un bon –

Providing Enterprise Governance And Stewardship User Services. Un nom à la mode pour la **deuxième** tentative d'un programme de gestion des données est *Phénix*, car la première a brûlé !

Frank Cerwin, de Data Mastery Inc., a un excellent conseil pour nommer votre programme. « N'utilisez jamais le nom du fournisseur du logiciel », conseille Cerwin. « Le logiciel peut changer. Ou vous pouvez fusionner avec une autre société, et son logiciel peut remplacer le vôtre. » Comme il le suggère, trouvez un nom qui reflète votre identité interne, et non la marque de votre fournisseur.

La simplicité est toujours de mise dans l'attribution des noms. Ne soyez pas trop mignon, et n'exagérez pas. Vous n'aurez pas besoin d'une marque interne pour tout. Il faut trouver un équilibre. N'oubliez pas que vous essayez de soutenir l'activité existante et d'aider à organiser et unifier votre entreprise. En ajouter trop peut parfois être pire que de ne pas en faire assez.

S'harmoniser avec une voix commune

La voix est la teneur et le ton dominants de votre récit. Pensez à la façon dont vous vous exprimez devant votre auditoire. Si chaque membre de l'équipe raconte la même histoire de manière différente, il en résultera une confusion et des conflits. Consolidez votre message, comme n'importe quel discours, et il doit être mémorable.

Plus l'organisation est grande, plus le message doit être simple. Vous devez trouver des moyens de renforcer votre influence. Évitez trop de qualificatifs et de nuances. Si vous pensez que vous devez toujours être là pour expliquer votre message, c'est qu'il est trop compliqué.

Dans les médias, on parle de portée et de fréquence. La portée est le nombre de personnes qui sont exposées à votre message. La fréquence signifie renforcer le même message de manière cohérente. Vous devez travailler sur les deux. Pour augmenter la portée, tenez compte de votre éventail de diffusion. Les membres de votre auditoire sont des personnes différentes qui ont des façons différentes d'absorber les messages. Certains aiment l'approche ludique et passionnante. En particulier, les vendeurs aiment entendre un bon discours, apprécient l'humour et veulent quelque chose qu'ils peuvent facilement répéter. D'autres, notamment dans les domaines de la finance, du droit et de l'informatique, peuvent se montrer très sceptiques. Je ne dis pas qu'ils n'apprécient pas le côté amusant, mais ils recherchent la substance.

Ne comptez pas sur une approche unique, un format unique pour tous. Trouvez différentes façons de dire la même chose tout en restant concentré sur votre message : présentations formelles, déjeuners-conférences, discussions de groupe et balados internes. Les vidéos sont indispensables. Rédigez un article d'une page : *Pourquoi la gestion des données aidera à développer, améliorer et protéger nos relations commerciales : Un appel à l'action.* Si vous n'y arrivez pas, c'est que votre message n'est pas assez fort. C'est un travail difficile! Je comprends. Mais ce n'est pas aussi difficile que de réparer les données dans votre organisation sans aucun soutien continu.

Cherchez des héros des données et des partisans dans d'autres services de l'organisation. Trouvez ce responsable financier qui dépend des hiérarchies. Localisez un représentant qui a conclu une affaire récente parce qu'il disposait des bonnes données. Recherchez cet administrateur qui explique toujours les données en termes simples à ses pairs. Écoutez leurs idées et intégrez-les à votre formation. Identifiez-les et suivez-les. Ces partisans élargiront votre portée et augmenteront votre fréquence. Identifiez vos parties prenantes et segmentez votre auditoire. Qui sont vos soutiens et vos influenceurs internes?

Recrutez des personnes influentes au sein des autres services. Le fait d'avoir des partisans représentant les ventes, le marketing, les finances, les opérations, le service juridique et d'autres domaines fonctionnels augmentera considérablement votre crédibilité. Invitez-les à participer à un débat interne. Demandez-leur d'expliquer pourquoi les résultats de la gestion des données ont aidé leur fonction. Pourquoi de meilleures données ont-elles amélioré leur travail? Il s'agit là de vignettes percutantes que vous souhaitez capturer. En fonction de la culture de votre entreprise, il peut y avoir toutes sortes d'opportunités pour mettre ces personnes en avant.

Empruntez et imitez autant que possible le marketing de votre entreprise. Si vous avez une déclaration ou un slogan d'entreprise, utilisez-le. Faites de votre marque de gestion des données une variante de votre marque d'entreprise. Il peut suffire de remplacer quelques mots du slogan de votre entreprise par « gestion des données ». Il existe peut-être un jeu de mots qui peut intégrer les marques de votre entreprise. Faites preuve de créativité.

Pensez aux supports numériques et physiques. Affiches, autocollants, épinglettes, casquettes, et même un peu de ludification. Les gens aiment gagner des badges et des certificats de récompense à afficher en ligne et dans les bureaux. Montrez que vous créez une communauté qui comprend et soutient la gestion des données. Un exemple rapide : Lorsque j'étais chez Dun & Bradstreet, je voulais illustrer la polyvalence des données maîtres, à la fois comme un produit à part entière et comme un ingrédient de tout ce que nous faisions. J'ai organisé une session de formation en utilisant le bicarbonate de soude comme analogie. Le bicarbonate de soude peut être utilisé pour la cuisson, le nettoyage et la désodorisation. C'est également un ingrédient de base du dentifrice, du nettoyant ménager et d'autres produits. Les données maîtres sont du même type. Elles ont de la valeur en elles-mêmes, tout en étant un ingrédient de plusieurs produits. Je suis allé un peu plus loin et j'ai créé une étiquette personnalisée pour une boîte de bicarbonate de soude. J'ai converti l'imagerie de Arm & Hammer en Dun & Bradstreet.

Figure 20 Recherchez des analogies créatives pour expliquer la valeur des résultats de la gestion des données.

Nous avons distribué les boîtes de bicarbonate de soude ré-étiquetées à l'équipe de vente. J'en ai mis une dans chaque réfrigérateur que j'ai pu trouver dans chaque bureau que j'ai visité grâce à un peu de guérilla marketing. J'ai ajouté un autocollant qui disait : « Si vous voulez savoir pourquoi les données maîtres sont comme du bicarbonate de soude, contactez Scott Taylor. » De la même manière, les résultats de votre programme de gestion des données sont comme du bicarbonate de soude : ils ont de nombreuses utilisations directes et indirectes.

Créez un bref aperçu standardisé ou un « discours d'ascenseur » sur la gestion des données. Évitez les explications techniques approfondies. Utilisez un langage courant et simple. Créez une version abrégée de votre histoire que vous pouvez raconter de façon claire et succincte. Je sais qu'il est difficile de résumer votre message. Il faut du temps pour limiter les mots et couper les pages. Mais vous devez faire cet effort. Les gens en demanderont toujours plus s'ils sont intéressés, mais vous risquez de ne jamais faire passer votre message si vous vous éternisez. Une fois, j'ai eu un créneau de parole qui ne durait que dix minutes. J'ai commencé par dire : « Il m'a fallu 20 ans pour réduire mon exposé à 10 minutes!".

Une de mes anciennes collègues, Kimberley Haley, a un excellent conseil qu'elle appelle la règle de Coco Chanel :

Coco Chanel, célèbre créatrice de mode française, a dit un jour : « La simplicité est la clé de l'élégance. » Cela s'applique tout autant à une présentation. Gardez les diapositives, les données et les points de discussion simples, et votre message sera bien reçu. Coco Chanel a également dit : « Avant de partir de chez vous, regardez-vous dans le miroir et enlevez un accessoire. » Je me mets au défi de voir si je peux enlever une page de plus avant de considérer que ma présentation est prête. Ce défi me pousse à penser plus simplement et à affiner encore le message et les objectifs.

Entraînez-vous et éditez. Maîtrisez votre contenu, et vous pourrez ensuite travailler la diffusion. Si vous avez déjà joué dans une pièce de théâtre, vous mémorisez d'abord votre texte, puis vous travaillez votre jeu. N'attendez pas le moment de la présentation pour la pratiquer. Je sais que vous pensez qu'il est plus difficile de s'entraîner que de le faire réellement. Mettez-vous devant quelqu'un qui connaît bien l'histoire et assurez-vous qu'elle fonctionne. Écoutez les commentaires – entraînez-vous devant le miroir. Enregistrez-vous puis écoutez-vous. Cela peut sembler gênant au début, mais vous commencerez à entendre les failles du raisonnement, les trous dans la logique et les tics verbaux. Débarrassez-vous-en. J'ai réalisé des milliers de présentations. Je continue à les enregistrer et à les écouter. Je trouve toujours moyen de m'améliorer. Vous êtes votre meilleur critique.

Créez une collection d'exemples de réussite provenant de partenaires collaborant dans les domaines de la vente, du marketing, de la finance, de l'analyse et des opérations. Identifiez et articulez clairement les points douloureux spécifiques que la gestion des données peut soulager. Concentrez-vous sur les résultats et les avantages plutôt que sur les étapes et les caractéristiques du processus. Reliez-les au motif commun de la gestion des données en tant que catalyseur. Partagez régulièrement ces histoires au sein de votre communauté de parties prenantes.

Formalisez un plan de communication interne. Un bulletin d'information ou un forum de discussion est un excellent moyen d'accroître la sensibilisation et l'engagement. J'ai vu de nombreux exemples de bulletins d'information sur la gestion des données. Faites publier quelque chose dans les médias de communication interne de votre entreprise. Les membres du service de communication de votre entreprise sont toujours à la recherche d'histoires à partager. Proposez une rubrique régulière et mettez en avant le « héros du mois de la gestion des données ».

Établissez un programme d'éducation et de formation par le biais de réunions régulières ou de webinaires. Résistez à l'envie d'en faire un cours de formation par cœur et ennuyeux. La formation à la gestion des données est également nécessaire, mais si vous n'apportez pas d'enthousiasme au sujet, votre auditoire trouvera que cette expérience est une corvée. N'oubliez pas que la plupart des gens pensent que les données sont ennuyeuses. Vous avez une passion pour le sujet, vous devez la partager.

Enfin, assurez-vous que votre équipe directe et élargie partage un point de vue et une position commune sur la valeur de la gestion des données. Harmonisez vos voix.

Illuminer la vision de l'entreprise

La vision de votre programme de gestion des données doit soutenir directement la vision de votre entreprise. *Tous les investissements dans la gestion des données doivent permettre de concrétiser les orientations stratégiques de votre entreprise. Si* votre stratégie de données n'est pas la même que votre stratégie commerciale, alors elle, et peut-être même les deux, échoueront. Dans le climat commercial actuel, la pression est plus intense et les enjeux sont beaucoup plus élevés. Vous devez incarner cette urgence avec votre leadership. Vous devez faire passer le message que les objectifs de votre entreprise risquent de ne pas se concrétiser si vous ne disposez pas des données nécessaires pour les soutenir.

Une partie du défi réside dans le fait que la gestion des données, en soi, n'a pas de valeur distincte. Elle permet de soutenir d'autres activités. Pour identifier les liens entre la gestion des données et les initiatives stratégiques, trouvez et examinez rigoureusement les documents stratégiques présentés par les dirigeants de l'entreprise (c'est-à-dire les présentations de la journée des investisseurs, les rapports annuels, les bulletins d'information des employés ou d'autres déclarations d'intentions de l'entreprise). Déterminez le rôle que joue la gestion des données dans ces efforts centrés sur la croissance de l'entreprise, l'efficacité opérationnelle et l'atténuation des risques.

Vous devrez effectuer un bon vieux contrôle préalable sur votre propre entreprise. Parcourez les principales priorités de votre entreprise et trouvez chaque mention de relations (client, vendeur, fournisseur, partenaire, patient, consommateur, citoyen) et de marques (produit, service, offre, emplacement, bannière, propriété, actif). Recherchez toute forme d'analyse (ID, IA, AA, AP), et vous découvrirez la nécessité d'un flux constant de contenu hautement structuré, normalisé, sécurisé et fiable concernant ces entités.

J'ai constaté que la plupart des entreprises parlent de la nécessité de gérer les données sans vraiment en parler. Elle est chuchotée entre les lignes des déclarations stratégiques et dans les coulisses des grandes initiatives d'entreprise. De nombreux sujets brûlants de l'industrie font monter la température de la gestion des données :

- La base de l'apprentissage automatique est constituée par les « données d'entraînement », qui disent aux machines ce qu'elles doivent faire. Des données incohérentes et non maîtrisées conduisent à des programmes défectueux.

- Le principe de base de l'internet des objets (IDO) est une connexion sans faille. Tout doit se connecter à tout le reste au *moment voulu*. C'est ce « moment voulu » qui est le plus difficile à atteindre.

- Les jumeaux numériques sont des répliques d'actifs physiques ou de dispositifs fonctionnant dans une entreprise. Pour créer et gérer avec succès un jumeau numérique, il faut des données fiables et hautement structurées.

- La promesse de la 4ième révolution industrielle est basée sur des machines et des appareils qui se « parlent ». Ce processus est le suivant : « Je dois trouver quelque chose, déterminer si je peux lui faire confiance, puis m'y connecter. » La réponse idéale est la suivante : « J'ai ce que vous devez trouver, vous pouvez me faire confiance, et voici comment vous connecter. » Mais malheureusement, la réponse est souvent : « Je ne comprends même pas ce que vous cherchez », ou « Je pense que c'est ce que vous cherchez, mais je n'en suis pas sûr. » Lors de ces connexions, la validation de l'identité crée la confiance, et la structure des métadonnées permet l'intégration.

- COVID-19 a jeté certaines entreprises à corps perdu dans des formes de transformation numérique, nécessitant ainsi une meilleure gestion des données pour survivre. Par exemple, de nombreuses entreprises doivent renforcer considérablement leurs capacités en matière de commerce électronique, ce qui nécessite une mise à niveau rapide de leurs données produits et du contenu associé.

Je ne vous suggère pas d'essayer de convaincre les dirigeants que l'amélioration de la gestion des données est plus importante que n'importe quel élément déjà sur leur liste de priorités. En tant qu'effort individuel, la gestion des données ne deviendra jamais une priorité en soi. Elle ne devrait pas non plus, mais voici pourquoi c'est une opportunité. Disposer de données fiables est une condition obligatoire pour la plupart, sinon la totalité, des priorités de l'entreprise. Étudiez les initiatives commerciales clés de votre organisation. Ces objectifs ont-ils quelque chose à voir avec l'augmentation de la pénétration du marché? L'efficacité opérationnelle? L'atténuation des risques? Le renforcement de la sécurité? L'authentification de l'identité? Les fusions et acquisitions? La gestion des données joue un rôle essentiel dans tous ces domaines.

La discussion sur la gestion des données ne peut plus être reléguée au domaine informatique – elle doit être au centre d'une discussion sur la stratégie et la gestion de l'entreprise présidée par au moins un dirigeant d'entreprise et un membre du conseil d'administration.

Pour les organisations qui ne sont pas culturellement alignées sur l'utilisation des informations existantes, chaque système ou processus court le risque de créer de nouveaux ensembles de données. Le temps nécessaire à la réussite est inversement proportionnel au nombre de systèmes. Pour réussir une mise en œuvre, identifiez clairement vos parties prenantes et accordez-leur une attention stratégique. Élaborez et gérez une feuille de route qui présente un flux régulier de réalisations de projets de données. Priorisez vos efforts avec soin. La simple approche du haut vers le bas, en basant la priorité sur les dépenses ou les ventes, peut prouver rapidement la valeur de la gestion des données. Attaquez-vous à certaines de vos relations les plus importantes dans une phase initiale. Travaillez avec les partenaires qui sont prêts à expérimenter et à tester.

Pour favoriser l'adoption, définissez des normes à l'échelle de l'entreprise pour la collecte, la livraison et la maintenance des données. Ensuite, imposez une conformité constante à ces normes. Une gouvernance stricte et formelle est nécessaire : Définissez clairement une stratégie d'exploitation des informations et soulignez l'importance des données dans toute l'entreprise – le soutien à la gestion des données ne tardera pas à suivre. Enfin, faites confiance à ceux qui considèrent vos données comme un actif solide. Si les données ne sont pas valorisées, les investissements dans leur gestion ne le seront pas non plus.

Votre histoire doit capter le cœur et l'esprit des dirigeants de votre entreprise. Certes, les calculs de retour sur investissement et les économies de coût par enregistrement peuvent aider ceux qui tentent de financer des efforts de nettoyage ponctuels et des projets tactiques. La gestion des données, cependant, doit devenir un programme d'entreprise holistique. Comme tout le monde en profite, il peut être difficile d'isoler le financement. Avec la pression croissante exercée sur les investissements pour qu'ils soient rentabilisés plus rapidement et de manière plus précise, de nombreuses parties prenantes peuvent percevoir un risque individuel à soutenir quelque chose pour le bien de tous. Les cadres intermédiaires, en particulier, peuvent considérer la gestion des données comme une taxe ou un péage. Ils peuvent se plaindre de ne jamais voir de bénéfice direct. Par conséquent, votre histoire doit prouver pourquoi elle aide l'ensemble de l'entreprise de manière holistique.

Formalisez et organisez votre histoire de données en découvrant la vision de votre entreprise et en exposant les défis en matière de données qui, dans de nombreux cas, sont cachés au grand jour. C'est à vous de les découvrir.

Un programme de gestion des données va bien au-delà des exigences techniques. Il exige une compréhension stratégique de l'orientation de l'entreprise et de la dynamique de vos marchés. L'alignement des activités, la planification minutieuse de la nomenclature des activités et l'accord de l'ensemble de l'organisation sont primordiaux.

Connaître pour répondre

Il est impossible d'en savoir trop sur votre entreprise. Vous devez connaître pour répondre. Connaissez le langage de votre entreprise. Connaissez vos objectifs et vos problèmes. Connaissez votre environnement et vos données, maîtrisez la dynamique de votre marché. Connaissez la stratégie de votre entreprise.

Chaque interaction que vous avez avec les membres des autres équipes vous éclaire sur la nécessité de disposer de meilleures données. Plus vous êtes à l'écoute de ces indices, plus il vous est facile de les détecter. Les conversations non liées aux données qui portent sur le développement de *relations* et des *marques* sont toujours des conversations où les données sont en coulisse. Comprenez les objectifs stratégiques, vous trouverez la **Vision** de votre entreprise. Examinez comment votre organisation articule la valeur à travers votre marque, vous trouverez l'essence de votre **Voix**. Rassembler et unifier la nomenclature de votre entreprise est la base de votre **Vocabulaire**.

Comprendre la dynamique de votre entreprise

Voici une série de questions qui vous aideront à articuler le besoin d'un soutien stratégique à la gestion des données. Je les utilise dans le cadre de mon processus de diligence pour aider les entreprises à comprendre leur histoire de gestion des données. Vous n'aurez peut-être pas besoin de répondre à toutes ces questions, mais cela devrait vous donner une bonne liste d'éléments à rechercher.

Objectifs organisationnels

- Quels sont les problèmes de l'organisation qui sont parmi les objectifs prioritaires de l'entreprise?
- Quels sont les motivations commerciales qui sont déjà soutenues par la gestion des données?

- Avez-vous un problème commercial bien défini que vous essayez de résoudre?
- S'agit-il d'un projet concret?
- S'agit-il d'une réingénierie ou d'une nouvelle initiative?
- Quelle organisation interne parraine votre initiative de gestion des données?
- Quelle est la relation de travail entre l'informatique et l'entreprise?
- À quel niveau de l'organisation cette initiative est-elle parrainée par la direction?
- Ce problème a-t-il une visibilité, une priorité dans plusieurs groupes tels que les ventes, le marketing, les finances et d'autres départements et disciplines?
- Avez-vous établi des indicateurs de réussite pour votre projet de gestion des données?
- Disposez-vous d'informations quantifiables sur le dossier de décision concernant la gestion des données?
- Quel est votre délai pour démontrer le succès de ce programme?
- Quelles sont les ressources et les personnes de votre entreprise auxquelles vous avez accès qui ont participé à un projet de gestion des données?
- Un intégrateur de systèmes est-il en place pour vous aider dans cette initiative?

Outils et systèmes

- Disposez-vous d'outils de profilage des données, ou avez-vous effectué un profilage des données sur vos données actuelles?
- Qu'utilisez-vous pour faire correspondre des enregistrements similaires aujourd'hui?
- Avez-vous des outils pour gérer les métadonnées?
- Quels systèmes utilisez-vous pour l'informatique décisionnelle / les rapports / les analyses?
- Disposez-vous d'un dictionnaire de données à l'échelle de l'entreprise?

Données et qualité des données

- Quelles sont les définitions documentées des types de relations (client, vendeur, partenaire, consommateur, citoyen, patient) et des éléments de marque (produit, service, offre, variante, emplacement, bannière, ingrédient, matériaux, pièces)?
- Quel système est actuellement considéré comme détenant votre « registre de vérité »?
- Avez-vous mesuré la qualité de vos données et les améliorations que vous attendez de la gestion des données?
- Savez-vous qui est responsable, sur le plan organisationnel, de la mise en œuvre de vos politiques de gouvernance des données?

- De quels paramètres disposez-vous actuellement pour mesurer l'exactitude et l'utilisation des données?

Processus dans son état actuel

- Vos exigences en matière de systèmes et de processus sont-elles définies? Avez-vous mandaté des fournisseurs?
- Quels sont les différents processus qui font partie de vos activités quotidiennes concernant les données maîtres?
- Quel est le processus de création de registres pour vos données maîtres?
- Avez-vous défini des règles d'intendance et d'identification des doublons?
- Quelles sont les sources de données qui créent de nouveaux enregistrement?
- Quelles sources alimenteront votre environnement de gestion des données?
- Pouvez-vous également fournir le « nom et la fonction de l'application », le « nombre de d'enregistrements par système » et le « nombre de comptes/clients créés » dans chaque application qui s'intègre au système de gestion des données?
- Avez-vous une visibilité sur le cycle de vie des principaux objets d'entreprise dans votre organisation?

- Avez-vous défini des processus de cycle de vie des données pour votre organisation?
- Quels sont les points finaux qui bénéficieront du processus de gestion des données?

Intégration des données et mise en œuvre des applications

- Quels outils utilisez-vous pour la gestion des données maîtres en ce qui concerne la création, la qualité et l'intégration de ces données?
- Quels sont les points de contact et d'intégration vers et depuis les environnements de gestion des données?
- Y a-t-il des lacunes dans le flux d'intégration actuel?
- Quelles sont les améliorations que vous souhaitez apporter au processus actuel?
- Utilisez-vous un langage ou une pile technologique spécifique pour créer des applications au sein de votre organisation?

CHAPITRE 7

Trouver l'histoire de vos données

Voici des exemples de scénarios d'entreprise qui nécessitent le soutien stratégique d'un programme de gestion des données. J'ai essayé de formuler ces histoires de manière générique pour mettre en évidence les problèmes et les défis communs. Les entreprises en elles-mêmes sont moins importantes que les tendances et les motifs émergents.

Même si vous avez l'impression que vos défis et problèmes sont propres à votre entreprise, sachez que beaucoup d'autres personnes sont confrontées à des situations presque identiques. En les lisant, vous trouverez sans doute des similitudes avec votre situation. Vous vous sentez peut-être spécial, mais vous n'êtes pas unique.

Dans la mesure du possible, nous voulons également trouver des indices pour les 3 V. Quel est le vocabulaire, la voix et la vision de ces entreprises? D'autres idées que j'ai présentés dans ce livre sont également applicables. Pour codifier la structure des données sur les relations et les marques, utilisez les 4 C. Pour organiser la façon dont l'entreprise utilisera les données, essayez de faire correspondre les activités aux 8'er. Je ne suggère pas que vous deviez expliquer mes idées à votre auditoire cible, mais simplement les utiliser pour guider votre processus de préparation et de création. Ils peuvent vous aider à organiser votre réflexion et à vous assurer que vous n'avez oublié aucun élément essentiel de votre histoire.

Exemple 1 – Entreprises génériques

Dans une entreprise mondiale typique, vous allez trouver des défis classiques en matière de gestion des données. Par exemple, il est toujours nécessaire d'établir des rapports mondiaux pour les relations et les marques les plus importantes. Ces rapports doivent être alignés sur l'activité régionale. Cette contrainte provoque déjà la consternation entre les besoins locaux et mondiaux de gestion des hiérarchies de clients et de marques entre les régions. Vous avez besoin d'une norme mondiale pour les domaines critiques tout en maintenant l'intégrité du système régional. Si l'on prend l'exemple ci-dessous, on peut avoir différentes régions soutenues par des systèmes primaires distincts. Bien qu'ils utilisent le même nom de domaine, leurs clients locaux sont comptés séparément et définis différemment.

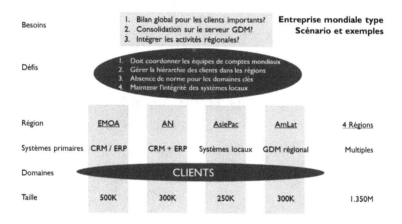

Figure 21 Un exemple d'une entreprise mondiale typique avec des silos régionaux.

En inversant cette idée selon l'axe organisationnel, nous pouvons l'examiner du point de vue des personas exécutifs. Nous voyons ici les départements qu'ils dirigent et le principal système qui facilite leur activité en silo.

Par exemple, le département des ventes est représenté par le directeur des ventes (*Chief Sales Officer – CSO*), dont le système principal est un outil de gestion de la relation client (CRM). Le directeur du marketing (*Chief Marketing Officer – CMO*), quant à lui, utilise un système de ciblage CDP (*Customer Data Platform*) pour gérer les informations relatives à l'auditoire. Le directeur de l'exploitation (*Chief Operating Officer – COO*), gère le système de planification des ressources de l'entreprise (ERP) pour l'exécution des commandes. Le directeur des services financier (*Chief Financial Officer – CFO*), bien sûr, utilise ses applications FinTech pour gérer la conformité et la facturation. Au début de la chaîne d'approvisionnement, le directeur des achats utilise un système d'approvisionnement pour acheter des ingrédients et des fournitures auprès de fournisseurs particuliers. Ajoutez à cela encore plus de sources externes provenant d'agences, de sociétés de recherche syndiquées et d'autres partenaires gérés par le directeur des données (*Chief Data Officer – CDO*). Vous commencez à voir un scénario assez compliqué mais classique où les silos, les systèmes et les départements n'ont pas de normes communes.

Exécutifs Initiatives de mise en marché		PDG Équipes des clients clés Croissance via acquisitions Direct et distributeurs		Scénarios types pour une organisation locale	
Défis	Systèmes et départements cloisonnés / régions multiples / absence de normes communes				
Département	Ventes	Marketing	Opérations	Achats	Finance	Données
Persona	CSO	CMO	COO	CPO	CFO	CDO
Exemple de système	CRM	CDP	ERP	Appro.	FINTECH	Sources Multiples Agences Marchés Medias
Cas d'utilisation	Plus de clients	Ciblage	Livraisons	Achat	Conformité	Recherche syndiquée
Exemple de sources	Marché	Web	Commandes	Bons d'achat	Factures	Suivi des ventes Comprendre le client
Domaine	CLIENT	PROSPECT	CLIENT	VENDEUR	CLIENT	Partenaires Distributeurs
Données normalisées intégrées dans les systèmes et les flux de travail					

Figure 22 Un exemple type d'une entreprise avec des silos départementaux et basés sur les personas.

L'intérêt de cet exercice répétitif est en partie de vous aider à identifier des tendances. Ce qui commence à émerger est quelque chose que vous pouvez dessiner de manière constante : *Les problèmes se retrouvent dans les colonnes et les lignes représentent des pistes de solutions.* Les silos verticaux s'intègrent à l'horizontale.

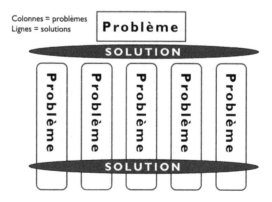

Figure 23 Dessinez les problèmes en colonnes et les solutions en rangées.

Exemple 2 – Présentation à la journée des investisseurs d'une entreprise Fortune 200

N'oubliez pas qu'un effort de gestion des données doit permettre de concrétiser la vision stratégique de votre entreprise. Si vous faites partie d'une entreprise publique, il n'y a pas de moyen plus facile de découvrir cette vision que d'écouter ce que disent vos dirigeants. Dans le cas présent, nous allons examiner les points saillants de la présentation des dirigeants d'une entreprise du classement Fortune 200 lors de la journée des investisseurs. Dans cette présentation, les dirigeants de l'entreprise ont partagé leur orientation, leurs objectifs et leur stratégie par le biais d'un plan et d'une déclaration de haut niveau :

Nous aspirons à être le principal partenaire de choix pour nos clients, nos fournisseurs et nos actionnaires. Notre entreprise fait des affaires dans plus de 90 pays avec plus de 100 000 clients et 800 fournisseurs. Notre cadre stratégique repose sur l'engagement envers le client, l'efficacité de l'entreprise et la gestion de la marque. Nous nous engageons à utiliser des plates-formes standard qui nous aident à différencier notre expérience client et à gérer la productivité et l'efficacité locales. Nous avons un credo constant : être plus efficace, fournir des niveaux de service de haute qualité, dépenser moins pour la maintenance et innover davantage.

La vision de cette entreprise est clairement énoncée dans la première phrase. « Nous aspirons à être le principal partenaire de choix pour nos clients, nos fournisseurs... » L'équipe de direction a identifié les principales relations de l'entreprise et celles-ci correspondent directement aux domaines de données maîtres des clients et des fournisseurs. La voix de l'entreprise s'inscrit dans les objectifs *d'engagement envers le client, d'efficacité des opérations et de gestion de la marque.* Le désir de développer, d'améliorer et de protéger l'entreprise est inhérent à ces trois activités. Leur « credo constant ... pour être plus efficace et fournir des niveaux de service de haute qualité » est directement lié aux objectifs de croissance et d'amélioration. Ils font également référence à la différenciation de leur expérience client et à la *gestion de la productivité et l'efficacité locales.* Ces types de commentaires montrent clairement la nécessité de la technologie comme moyen d'évoluer, de fournir plus de valeur et de stimuler l'innovation.

Le vocabulaire de l'entreprise est intégré dans ses types de relations et ses marques. Elle dispose de plusieurs régions opérationnelles et commerciales au sein de son empreinte géographique de 90 pays. Il existe sans aucun doute toutes sortes de terminologies de hiérarchisation et de catégorisation, avec plus de cent mille clients et huit cents fournisseurs. Cela met en évidence le besoin criant de données hautement structurées dans les coulisses.

Ayant collaboré avec cette entreprise, j'ai pu examiner ses données internes et j'ai découvert des problèmes systémiques de gestion des données. Par exemple, dans une région, ils avaient 185 copies du même client. Bien qu'il puisse y avoir une justification opérationnelle pour des enregistrements multiples, cela dépassait de loin la limite raisonnable. Ainsi, à travers un échantillon de données représentatif, vous pouvez facilement remettre en question le caractère pratique de leur vision. Vous pouvez imaginer le nombre de mauvaises décisions qui seraient prises à partir d'un fichier contenant 185 copies du même client. Nous passons rapidement de la vision ambitieuse d'être le principal partenaire de choix à la réalité des données, à savoir des centaines de doublons de clients importants dans des marchés importants.

Exemple 3 – Société mondiale de services financiers – Rapport annuel

Le rapport annuel est une autre excellente source pour trouver les intentions stratégiques d'une entreprise. Dans l'exemple suivant, nous examinons une grande organisation de services financiers et identifions son histoire de données à partir de son rapport annuel. Dans ce rapport annuel, elle mentionne les dynamiques et les tendances du marché qui affectent son secteur et ses aspirations :

- S'imposer rapidement comme un conseiller incontournable en transformation numérique des entreprises;

- Rechercher de nouvelles solutions axées sur la technologie;
- Le besoin de solutions innovantes pour créer un avenir plus sûr et plus gratifiant;
- L'environnement dynamique et changeant exige des conseils et une expertise de confiance;
- Perspectives prédictives dérivées de l'apprentissage automatique;
- Obtenir des avantages concurrentiels grâce à la puissance des données;
- Au cours de la dernière décennie, plus de 100 acquisitions qui nous ont rendus plus forts;
- Perturbation et innovation dans les plateformes et technologies de distribution.

Ces déclarations suggèrent que cette entreprise souhaite appliquer la technologie à tous les aspects de son activité afin de contribuer à la croissance, à l'amélioration et à la protection de la valeur qu'elle apporte à ses relations par le biais de ses marques. La gestion des données est un catalyseur pour chacun de ces objectifs. Notez que la décennie de plus de 100 acquisitions suggère un nombre incroyable de systèmes disparates et une potentielle absence de norme interne.

Une recherche plus approfondie a montré qu'un grand nombre de leurs objectifs et projets internes documentés correspondent directement aux 8'er :

1. **Associer**. Devenir l'une des meilleures entreprises, non seulement dans nos secteurs d'activité, mais aussi dans le monde entier. Pour y parvenir, nous devons être pertinents pour les clients.

2. **Valider**. Garantir des informations fiables et précises. Réduire les problèmes de conformité.

3. **Intégrer**. Enrichir les données de l'entreprise avec des attributs de tiers.

4. **Agréger**. Documenter la structure hiérarchique des entreprises afin de garantir et d'augmenter les revenus des services. Maximiser les opportunités de vente croisée et de vente incitative.

5. **Partager**. Renforcer les processus opérationnels en interne et par le biais d'une interface client en libre-service.

6. **Évaluer**. Permettre l'analyse comparative des rapports, l'analyse des revenus des clients et des mesures de rentabilité plus détaillées.

7. **Communiquer**. Cartographier les produits au niveau local et mondial. Nécessité d'un langage commun pour les programmes.

8. **Diffuser**. Approche systématique pour améliorer, contrôler et distribuer les données de base aux applications en aval et aux systèmes de soutien.

Exemple 4 – Entreprise mondiale de services – Présentation stratégique

Une société mondiale de services a formulé ses initiatives critiques lors d'une présentation stratégique. Elle a identifié les capacités essentielles à long terme nécessaires pour atteindre et maintenir les objectifs de valeur.

1. Libre-service pour les clients
2. Gestion des litiges
3. Gestion des contrats
4. Tarification efficace
5. Facturation

Cette entreprise a décrit le projet de mettre à niveau son centre d'assistance à la clientèle en y ajoutant un module de libre-service qui auraient un impact direct sur la réduction du volume d'appels vers les centres d'assistance, sur l'amélioration de l'expérience globale du client et sur la création de nouvelles opportunités de vente incitative.

Elle se concentre sur la mise à niveau de capacités supplémentaires pour :

- Commerce électronique;
- Automatisation du marketing;
- Automatisation de la force de vente;
- Configuration du prix et du devis;
- Gestion du cycle de vie des contrats;
- Gestion de la rémunération incitative;

- Gestion des litiges;
- Planification des ressources de l'entreprise;
- Informatique décisionnelle.

La présentation était remplie de termes tels que gestion de la relation, parcours de l'acheteur, écosystème de l'expérience client, niveaux hiérarchiques des comptes et nécessité d'une connaissance plus approfondie du client.

Le département de la réussite des clients souhaitait intégrer les activités du service clientèle, de la gestion des risques, de l'engagement envers les clients, de la connaissance des clients, ainsi que du processus de renouvellement.

Chacune de ces capacités touche un ensemble varié des relations de cette entreprise et soutient l'ensemble de son portefeuille de marques. Toutes nécessitent un programme de gestion des données. Aucune d'entre elles n'a déclaré le besoin de données de qualité, de gestion des données, de GDM, de données de référence, de données maîtres ou de métadonnées. Pourtant, un responsable des données perspicace saura et devra relier toutes ces initiatives à la réussite de son programme de gestion des données.

Dans ce cas, les responsables des données ont identifié une source de problèmes de qualité provenant de modalités de facturation rigides, de règles manuelles de jumelage des clients inadéquates, de l'absence de hiérarchie standard des sociétés et de contrats particuliers liés à des clients spécifiques, ce qui a entraîné la duplication des sociétés et des contrats. Leur approche de la gestion des données comprenait un meilleur jumelage, une plus grande attention aux hiérarchies globales, la recherche de données tierces pour enrichir les données et une intégration directe avec leurs outils de vente et de marketing. Ils ont également recommandé l'intégration de la *recherche avant la création* d'un client afin de prévenir les doublons.

Exemple 5 – Entreprise de biens de consommation – intrants multiples

Cet exemple est tiré d'une discussion informelle que j'ai eue avec un responsable des données lors d'une conférence professionnelle. J'ai ensuite examiné son site Web et son rapport annuel. Cette entreprise de biens de consommation produit une famille de marques emblématiques disponibles dans plus de 70 pays. Les mégatendances suivantes, comme ils le disent, façonnaient leur activité :

- Ils renforçaient leur expérience multicanal pour les clients et envisageaient une combinaison judicieuse de canaux de distribution.

- Ils employaient une grande variété de fournisseurs et de vendeurs locaux pour les matières nécessaires à la fabrication de leurs produits.

- Ils cherchaient à renforcer les partenariats et à augmenter l'efficacité en construisant une plate-forme unifiée avec des capacités globales pour optimiser la chaîne d'approvisionnement mondiale.

- Ils voulaient suivre une société, d'une piste à un potentiel, puis à un client. Ce processus touchait plusieurs systèmes et différents départements.

- Leur principale philosophie concernant la fabrication des produits était de faire les choses correctement dès la première fois. Mais cette même philosophie ne s'appliquait pas à leurs données.

Ils ont été confrontés à un nombre considérable de défis. Ils disposaient de 15 systèmes ERP ainsi que de multiples systèmes CRM et autres systèmes desservant différents marchés et différentes marques. Les clients provenaient de plusieurs pays et ils ne disposaient d'aucun moyen cohérent de se connecter aux entités juridiques locales, chacune ayant un numéro d'identification fiscale différent.

Ils souffraient d'un très grand nombre de problèmes concernant la gouvernance des données. Leurs fichiers étaient truffés de *pays d'origine incorrects, de points de contact primaires incorrects et de hiérarchies mondiales incohérentes.* L'organisation ne disposait d'aucune vue standard des clients ou des fournisseurs. Comme il s'agissait d'une marque emblématique avec un long et riche héritage, dans certains cas, les contrats remontaient à plusieurs décennies.

Ils étaient dépassés par l'idée de créer un système ERP unique, mais savaient qu'ils avaient besoin d'une perspective globale pour les clients. Ils s'efforçaient de valider les données de leurs clients avant de les télécharger dans l'ERP. Ils avaient besoin de hiérarchies à plusieurs niveaux pour les vues locales, mondiales et de la marque.

En démontrant que ces besoins distincts mais essentiels étaient tous liés à la gestion des données, ils ont pu convaincre les chefs d'entreprise d'investir dans un programme global.

Exemple 6 – La connaissance des consommateurs peut renforcer le besoin de gestion des données

Le besoin de gestion des données peut se cacher dans une initiative marketing beaucoup plus importante. J'ai été témoin de nombreux projets de propriétaires de marques à la recherche d'informations plus approfondies sur les consommateurs et de moyens innovants de communiquer et de s'engager auprès de leur clientèle. Le besoin de gestion des données est inhérent à leurs demandes, mais souvent « caché à la vue de tous ». Pour un spécialiste de la gestion des données, il est possible de déceler ce besoin et de le rendre plus apparent pour les parties prenantes. Les grandes marques mondiales recherchent et demandent souvent ces exigences typiques. Sans un programme de gestion des données stratégiques, il est impossible de répondre à ces exigences et de rendre ces initiatives opérationnelles. Les exigences comprennent souvent :

- Des définitions de catégories de produits cohérentes dans tous les pays;
- Hiérarchies simplifiées selon les normes de l'industrie;
- Catégorisation cohérente de leurs marques et des marques concurrentes;
- Des données harmonisées dans tous les pays, garantissant une vision unique de la gestion des performances commerciales;
- Intégration des données sur les marques et les communications;
- Tableaux de bord pour mesurer l'activité de la marque avec des vues globales et locales;
- Affichage des indicateurs clés de performance marketing pour l'ensemble du portefeuille de marques;
- Suivi et gestion des campagnes par canal de distribution;
- Consolidation des principaux indicateurs clés de performance afin de mieux comprendre les causes et les effets du marketing;
- Activités globales de la marque grâce à une combinaison de différents types de données.

Unilever, un fabricant mondial, a publié un excellent article sur la gestion des données. Son besoin de gestion des données provenait du marketing et de la recherche sur les consommateurs. Unilever fabrique des biens de consommation à rotation rapide dans de multiples catégories et les vend dans un très grand nombre d'endroits. Son processus de distribution et de mise sur le marché est sans doute le plus compliqué et le plus étendu de toutes les entreprises du monde. Selon les chiffres de l'entreprise, 2,5 milliards de personnes dans 190 pays utilisent chaque jour une de ses 400+ marques. Leurs produits vont des articles ménagers aux boissons en passant par les desserts glacés. Il est impossible de livrer tous leurs produits dans un seul camion ou par une méthode de distribution consolidée. Le savon en pain ne peut pas voyager avec la crème glacée. Les détergents sont traités différemment des boissons réfrigérées. Leur étude de cas, publiée dans la Harvard Business Review et intitulée *Building an Insights Engine*, indique que leur « nouvelle source d'avantage concurrentiel est l'orientation client : comprendre en profondeur les besoins de vos clients et les satisfaire mieux que quiconque ». Elle détaille l'efficacité de l'exploitation des données massives sur les consommateurs.

En étroite collaboration avec le service informatique, Unilever a mis en place un système global d'information marketing, accessible à tous les responsables marketing de l'entreprise, qui intègre les données et les présente dans des formats cohérents.

Cela garantit que tous les utilisateurs, où qu'ils se trouvent dans l'entreprise, voient les mêmes informations de la même manière, « une seule version de la vérité ».

L'étude décrit les caractéristiques opérationnelles requises pour créer cette capacité. La première d'entre elles est la « synthèse des données ». Malgré la valeur des autres caractéristiques opérationnelles, ce périple avec les données a commencé par une exigence globale de gestion des données. Unilever a travaillé avec ses agences et ses fournisseurs de recherche pour établir un protocole standard pour la livraison des données. Ils ont exigé une structure de données commune pour l'identification des produits, les hiérarchies de marques, les catégories concurrentielles et les zones géographiques des consommateurs. Notez la similitude avec mes 4 C de la structure des données – code, compagnie, catégorie et comté. La gestion des données a fourni l'infrastructure sous-jacente permettant de concrétiser la vision stratégique d'Unilever.

Exemple 7 – Un avertissement – L'amende de 400 000 000 $ pour manque de gouvernance des données

Parfois, lorsque la gestion des données ne reçoit pas l'attention stratégique qu'elle mérite, elle devient l'histoire.

Citibank a été condamnée à une amende de 400 millions de dollars par le département américain du Trésor pour avoir omis « de mettre en œuvre et de maintenir un programme de gouvernance des données à l'échelle de l'entreprise, proportionnel à la taille, à la complexité et au profil de risque de la banque. »

Dans la plainte officielle, que l'on peut facilement trouver sur le Web, il est demandé à Citibank de « développer un plan de gouvernance des données acceptable » qui, entre autres, permettra de

- Identifier toutes les lacunes entre l'état actuel de la gouvernance des données de la Banque et les actions correctives en cours et prévues qui sont nécessaires.

- Mettre en place des politiques, procédures et normes cohérentes et complètes en matière de données et veiller à leur respect.

- Renforcer les procédures et les processus pour l'identification, le signalement, le suivi, l'escalade et la correction de tous les problèmes de qualité des données.

- Renforcer les procédures et les processus d'amélioration continue de la qualité des données.

- Simplifier et consolider les applications avec des fonctionnalités communes, éliminer les systèmes disparates et renforcer les contrôles de la qualité des données.

- Assurer l'adoption cohérente de sources de données faisant autorité, des données de référence et des données maîtres d'entreprise.

Nous avons ici une grande entreprise mondiale qui n'a pas pris la gestion des données au sérieux et n'a pas réussi à protéger sa marque et ses données. Cette horrible histoire de données est l'exception qui prouve chacune de mes règles. Personne ne veut que ce type de vérification réglementaire soit la justification de la gestion des données dans son entreprise. Faites en sorte que cette histoire de données soit un avertissement pour votre organisation.

Viure heureux pour toujours

Les données peuvent changer la nature de vos opérations. Il suffit de regarder autour de vous. Le point commun de la plupart des entreprises qui réussissent aujourd'hui est leur capacité à exploiter la puissance des données. C'est une opportunité passionnante.

Dans l'environnement actuel, je vous mets au défi de trouver un autre facteur capable de créer ce type de

changement. La gestion des produits? Il est incroyable-
ment difficile pour les organisations établies de développer
de nouveaux produits révolutionnaires. Cela peut certainement arriver, mais c'est un parcours du combattant. Les
ventes? Il est très difficile pour une grande organisation de
se réorienter pour soutenir de nouveaux modèles commerciaux. Le marketing peut positionner votre entreprise de
manière créative, mais cela changera-t-il profondément la
nature de votre activité? Peut-être. Mais supposez que
vous soyez dans le « département des données ». Alors, en
tant que responsable de la gestion des données de votre
entreprise, vous avez la chance de changer la nature même
de sa croissance, de son amélioration et de sa protection.

Aucune autre variable n'offre ce type de potentiel. Des
données bien gérées constituent un avantage concurrentiel
distinct. Consultez les livres blancs de tous les grands
consultants en technologie et en gestion. Ils proposent de
nombreuses recherches qui confirment que les organisations axées sur les données et ayant atteint la maturité
dans la gestion des données obtiennent systématiquement
de meilleurs résultats que celles moins averties en matière
de données. Vous pouvez participer à l'évolution de la
manière dont votre entreprise *apporte de la valeur à vos*
relations par le biais de vos marques à une échelle plus grande.

Avec la formidable croissance des plateformes et
l'explosion simultanée des sources de données, les
entreprises et leurs partenaires ne peuvent pas gérer les

opérations de manière rentable et efficace sans un programme de gestion des données durable. Le marché, les relations et les perspectives de croissance futures continueront à souffrir de processus manuels, ad hoc et non intégrés qui gaspillent les ressources et entravent la mise en œuvre et l'efficacité. Un programme de gestion des données bien planifié et exécuté au sein de chaque entreprise renforce en fin de compte toutes la chaîne de valeur : clients, fournisseurs, distributeurs ainsi que les prestataires de recherche et de services tiers qui les soutiennent. La gestion des données peut toucher et améliorer chaque transaction, plan, analyse et budget. À l'inverse, les organisations qui ne gèrent pas leurs données risquent de tomber dans une spirale toujours plus profonde de processus métier cloisonnés, séparés et rigides.

En tant que leader ou leader potentiel de votre organisation, vous pouvez constater que le moment est venu de vous concentrer sur la mise en place d'un programme de gestion des données pour la santé et la satisfaction globales de vos relations commerciales. Il s'agit d'une initiative dirigée par l'entreprise qui utilise des solutions technologiques pour respecter une feuille de route claire en matière de gestion des données. Celle-ci est essentielle pour améliorer les processus existants qui font rouler l'entreprise aujourd'hui. Elle est donc fondamentale pour réaliser la vision stratégique future et relever les défis de l'évolution et de la transformation continues du marché.

Si l'on considère les défis handicapants inhérents au maintien de systèmes internes redondants, à la négociation de l'absence de gouvernance et de normes en matière de données et à la gestion d'un marché en constante évolution, il est facile de comprendre pourquoi les initiatives de gestion des données doivent avoir une place dans le panorama stratégique.

Démarrer, arrêter, continuer

J'espère que ce livre vous a aidé à ajouter du piquant à votre plat, mais vous devez préparer ce repas. Supposons que votre auditoire aime votre nouvelle histoire – il vous reste à en faire une réalité. La gestion des données n'a pas la meilleure réputation. De nombreux projets dépassent le budget et n'aboutissent pas. En fin de compte, c'est à vous de tenir vos promesses. Permettez-moi de vous donner quelques conseils de départ dans le format de développement personnel – *démarrer, arrêter, continuer.*

- *Démarrer* par vous reconnaître comme *l'entreprise.* La pensée dominante dans l'espace des données et de la technologie personnifie l'idée des « affaires » comme étant distincte des données et de la technologie. Les rôles non technologiques tels que le marketing et les ventes, ainsi que le personnel qui les occupe, sont considérés comme les « affaires ».

Si vous voulez relier ce que vous faites à l'entreprise, sachez que vous êtes aussi les « affaires » de l'entreprise. Il est de votre responsabilité de comprendre ce que votre entreprise fait et pourquoi. Cela fait partie de votre rôle, quelle que soit la description de votre poste, d'apprendre, aussi précisément que possible, les types de relations et la valeur que vos marques apportent. Nous ne pouvons pas progresser s'il y a une séparation entre les données et les affaires. Nous sommes les mêmes. VOUS ÊTES L'ENTREPRISE.

- *Arrêtez* de vous chamailler. S'il vous plaît. La communauté des données adore se vautrer dans des réflexions existentielles égocentriques. Par exemple, les débats font rage entre nous pour savoir si la gouvernance des données est plus importante que la gestion des données, ou vice versa, ou si nous devrions commencer à appeler tout cela « valorisation des données » – tandis que le reste de l'entreprise passe à autre chose. Lorsque nous nous disputons sur ces sujets, les gens d'affaires se disent : « Voyez, ils ne sont même pas d'accord entre eux », et se retirent lentement de la réunion, nous laissant nous battre et sans financement.

- *Continuez* à faire l'excellent travail que vous faites. Continuez à comprendre et à apprendre de nouvelles techniques et approches. Continuez à écouter avec scepticisme les nouveaux mots à la mode et à remettre en question leur validité et leur raison d'être. Continuez à vous battre pour la valeur de ce que les données peuvent apporter à votre organisation. Continuez à mettre à jour vos compétences. Continuez à apprendre de ce que les autres ont fait avant vous.

Votre entreprise a une grande histoire de données. Il vous suffit de la trouver. Faites-moi savoir comment ça se passe. Racontez-moi votre histoire de données. Je veux entendre vos réussites et vos échecs. Souvenez-vous que :

Le travail de gestion des données n'est jamais fini.

Les affaires ne sont jamais terminées.

Le matériel va et vient.

Les logiciels vont et viennent.

Les données restent.

Comme tout ce que vous faites se transforme en données, c'est votre chance.

Bonne chance et bonne continuation.

Scott Taylor
Le chuchoteur de données
Black Rock, Connecticut

Index